GLÜCK AUF!
MIT GOTT IM POTT

cLv

Christliche Literatur-Verbreitung e.V.
Ravensberger Bleiche 6 · 33649 Bielefeld

1. Auflage 2020
2. Auflage 2021

© 2020 by CLV · Christliche Literatur-Verbreitung
Ravensberger Bleiche 6 · 33649 Bielefeld
Internet: www.clv.de

Umschlag: Lucian Binder, Marienheide
Satz: EDV- und Typoservice Dörwald, Steinhagen
Druck und Bindung: GGP Media GmbH, Pößneck

Artikel-Nr. 256410
ISBN 978-3-86699-410-2

INHALT

Vorwort — 5

Andreas
Mit dem Kopf durch die Wand! — 7

Sabri
Wie ich meine Familie verlor
und trotzdem mein Glück fand — 21

Detty
Auf der Suche nach einem Vater — 35

Jörg
Eine verzweifelte Suche
nach der Wahrheit über Gott — 45

Alan
Graffiti und Rap / Drogen und Sex — 55

Alexandra
Sucht, Suche und wie alles
doch ganz anders kam — 75

Eliane
Der Glaube an Gott hat nichts
mit meinen Leben zu tun, oder doch? — 87

Nachwort — 96

VORWORT

Kaum zu glauben …

Für viele war das Jahr 2020 im Jugendalter wahrscheinlich in unvorstellbar weiter Ferne. Nun leben wir schon in den »20er« Jahren – wie schnell die Zeit vergeht!

Waren wir nicht gestern noch jung?

Wer weiß schon, wie viele Lebensjahre seinem Leben zugedacht sind? Ganz gleich wie viele: Irgendwann – vielleicht früher, als wir meinen – gibt es uns nicht mehr. Mit dieser Tatsache sollten wir leben. Denken Sie unbedingt über Ihr Leben nach! Und dann? Stellen Sie sich auf eine Begegnung mit Ihrem Schöpfer, mit Gott, ein! Je eher, desto besser!

Wir leben nicht nur für uns selbst, als Selbstzweck oder um ständig neuen Wünschen nachzujagen. Oder doch?

Mehr als fünf Jahre nach dem Erscheinen des ersten Buches von »Glück Auf! Mit Gott im Pott« halten Sie nun Nummer »Zwo« in Händen.

In diesem Buch berichten Freunde von uns, wie sie über ihr Leben nachgedacht und umgedacht haben. Weg von einem Leben ohne Gott, hinein in eine Beziehung zu Gott – die beste Entscheidung ihres Lebens!

Weil wir an die Aussagen der Bibel und deren Relevanz für unser Leben glauben, wünschen wir Ihnen beim Lesen dieses Buches Gottes Segen.

Team »Hoffnung im Pott«

ANDREAS
MIT DEM KOPF DURCH DIE WAND!

In Schwelm, also etwa dort, wo das Sauerland, das Bergische Land und der Ruhrpott aufeinandertreffen, wurde ich 1971 geboren. Trotz der Nähe zu Wuppertal und den Großstädten des Ruhrgebiets war es ländlich dort, wo ich meine Kindheit und Jugend verbrachte. So war ich gern draußen in der Natur und genoss die Freiheit. Aber auch innerlich wollte ich Freiheit erleben, also keine Zwänge, keine moralische Keule, tun und lassen, was ich wollte. Ein Nachbar lebte das vor, der war so eine Art Alt-Hippie. Ständig machte er Party, und mein Eindruck war, dass der Mann wirklich sein Leben lebte und jede Menge Spaß hatte. Bei mir zu Hause allerdings sah es ganz anders aus: Meine Eltern Gerd und Gerda waren gläubige Christen, und so wuchs auch ich in dieser frommen Atmosphäre auf: Gebet, Bibellesen, sonntags Gottesdienst, das ganze Programm. Das alles habe ich mitgemacht und dabei nie daran gezweifelt, dass es Gott tatsächlich gibt. Doch die Zwänge, Dinge zu tun und zu lassen und moralisch zu leben, gingen mir auf die Nerven. Gott schien mir eine Spaßbremse zu sein, und mit meinem Wunsch nach Freiheit passte das ganz sicher nicht zusammen. Wenn Freunde Wind davon bekamen, dass in meinem Elternhaus das Christsein bewusst gelebt wurde, war mir das äußerst peinlich. So tat ich alles, um jede Spur von Frömmigkeit zu verwischen. Der Wunsch nach Anerkennung bei Freunden und Kameraden war einfach deutlich stärker als die Überzeugung, dass es einen Gott gibt. Dass ich das Leben meiner Eltern nicht leben wollte, war mir schon sehr früh klar. All das wollte ich möglichst schnell hinter mir lassen.

Mit den Kindern in der Kirche habe ich mich deshalb eigentlich kaum eingelassen, mit denen konnte ich nicht viel anfangen. Viel besser zu beeindrucken waren die Leute in meiner Klasse. Mit erfundenen Geschichten schaffte ich es, mich in den Vordergrund zu stellen. Diebstahl und Lüge prägten schon im Alter von zehn Jahren meinen Alltag. Bald darauf habe ich auch Gewalt eingesetzt, obwohl ich total Angst davor hatte. Mein

Plan schien aufzugehen. Ich hatte viele Freunde, und mir machte das Leben Spaß. Es dauerte nicht lange, bis ich im Alter von 12 oder 13 Jahren regelmäßig Alkohol konsumierte. Ich merkte schnell, dass ich betrunken noch viel weniger Hemmungen hatte, irgendwelche Faxen zu machen, die bei meinen Kumpels gut ankamen. Kaum war ich 14, kamen auch noch Drogen dazu. Es war eine Klassenfahrt im 8. Schuljahr, wo uns Marihuana angeboten wurde. Natürlich war ich derjenige, der sich traute, an der Tüte zu ziehen. Wieder und wieder musste ich mich übergeben, aber Hauptsache, ich war der Typ, der sich getraut hatte. Tja, eigentlich war ich damals der Dumme.

Kurz vor Ende meiner Schulzeit befand ich mich in einem Teufelskreis aus Drogen, Alkohol und Gewalt. Ich war in der Rockabilly-Szene unterwegs und häufig sehr aggressiv. Eines Tages habe ich einen Typen aus der Szene verprügelt. Mir war nicht bewusst, dass seine Gang mit türkischen Clans zusammenhielt. So warteten nach der Schule eine ganze Menge Leute auf mich, die es mir heimzahlen wollten: Ich wurde richtig verdroschen. Ich schwor mir, mich dafür zu rächen, der Gedanke daran beschäftigte mich Tag und Nacht. Ich trat in eine Gruppe von Skinheads ein, weil ich mir erhoffte, dass die mir bei meiner Rache helfen würden. Die

Skins stellten sich als ziemlich feige heraus, und so war ich schnell wieder auf mich allein gestellt mit meiner Wut und meinen Rachegedanken.

An die Berufswahl bin ich völlig emotionslos herangegangen und habe einfach mit 16 Jahren eine Lehre zum Industrieschlosser begonnen. Dort kam ich wieder einmal an die falschen Leute, und das alte Spiel ging weiter: Immer Party, immer der Faxenkönig, ständig am Blaumachen und von Lernen keine Spur. Als Lehrlinge schlossen wir eine Wette ab: Wer würde es schaffen, am längsten krankzufeiern? Mit allen Raffinessen gelang es mir, fast 12 Monate am Stück krankzufeiern – mal waren es Herzstörungen, mal täuschte ich einen Sturz von der Leiter vor. Kurz vor Ende meiner Ausbildung bestimmten Alkohol und Drogen mein Leben so sehr, dass ich aus dem Betrieb flog – ich hatte meinen Ausbilder verhauen. Oberflächlich betrachtet hatte ich noch immer jede Menge Spaß, doch wenn ich spät in der Nacht von Kneipen und Partys nach Hause ging, war mir eigentlich klar: Mein ganzes Leben ist total verpfuscht! Ich sah überhaupt keine Möglichkeit, den ganzen Mist wieder auf die Reihe zu kriegen.

Wie sollte es weitergehen? Durch eine Freundin kam ich in die Gastronomie und versuchte, aus der Arbeit irgendwie das Beste zu machen:

jedes Wochenende Party und dafür noch Geld bekommen. Von dem Gewerbe hatte ich eigentlich nicht die geringste Ahnung. Mehr als Spiegeleier braten konnte ich nicht. Natürlich wurde nach wie vor kräftig konsumiert, auch härtere Drogen kamen inzwischen ins Spiel und wurden zum beherrschenden Element in unserem Leben. Jedes eingenommene Geld wurde in Drogen umgewandelt. Einmal drückte mir ein Gast 500 Mark Trinkgeld in die Hand. Zu meinem Kumpel, den wir nur »den Langen« nannten, sagte ich: »Ey Langer, das haun wir heute Nacht noch aufn Kopp!« Wir gingen in die Stadt und dröhnten uns zu. Anschließend bekam der »Lange« Hunger. Trotz meines Zustands und obwohl ich keinen Führerschein hatte, sagte ich zu ihm: »Gib mir dein Auto, ich besorg uns was zu essen.« Auf dem Weg zur Tankstelle landete ich mittig vor einem Baum. Ich schleppte mich zu einem Bauernhof in der Nähe; der Bauer brachte mich zum Krankenhaus. Den Wagen, den ich geschrottet hatte, hatte mein Kumpel von seiner Mutter bekommen. Ich war nicht krankenversichert, und so musste ich alle möglichen Lügen erzählen, damit man mich im Krankenhaus behandelte. Wir schmiedeten Pläne, wie wir das kaputte Fahrzeug loswerden könnten, damit die Polizei nichts von meiner Alkohol- und Drogenfahrt mitbekäme.

Doch mein Vater unterband die Pläne, streckte mir das Geld für den kaputten Wagen vor und hoffte insgeheim, ich würde nun endlich mal mein Leben auf die Reihe kriegen. Doch daran verschwendete ich keinen Gedanken. Mit 16000 Mark Schulden stand ich da – eine Summe, die mir unvorstellbar groß vorkam. Ich hatte überhaupt keine Hoffnung, jemals so viel Geld zu besitzen. Für mich waren 50 Mark schon was Dolles.

Um irgendwie an Geld zu kommen, brach ich in Häuser ein und verkaufte Drogen, zunächst nur im kleineren Kreis, dann an immer mehr Leute. Die Autobahn Richtung Venlo wurde mir immer besser bekannt. Wir fühlten uns sehr sicher, nicht erwischt zu werden. Bei einer dieser Touren machten wir uns gar nicht mehr die Mühe, das Zeug zu verstecken – die Menge ließ sich eh kaum verbergen, und so legten wir die Pakete einfach in den Kofferraum. Bisher waren wir immer gut durchgekommen, doch plötzlich ging an der Grenze die Schranke herunter. Zollbeamte begannen Wagen für Wagen zu durchsuchen. Mit meinen langen Haaren und dem tiefergelegten 3er BMW war mir klar, dass ich jetzt auffliegen würde. Drogenhandel, Körperverletzung und einiges andere würden mir jetzt um die Ohren fliegen. In dem Moment betete ich – zum ersten Mal seit vielen Jahren.

»Gott, wenn ich aus der Nummer noch mal rauskomme, lass ich das mit den Drogen sein und fange ein sauberes Leben an.« Der Wagen vor uns hatte dasselbe Städtekürzel auf dem Kennzeichen wie wir: EN für Ennepe-Ruhr-Kreis. In dem Wagen saßen ältere Leute. Als der Zollbeamte zu uns kam und fragte, was wir in Holland gemacht hätten, sagte ich ohne großes Nachdenken: »Wir sind mit meinen Eltern, die da vorne im Wagen sitzen, in Venlo zum Kaffeetrinken gewesen.« »Weiterfahren!«, sagte der Beamte nur. Einige Kilometer hinter der Grenze klappten wir zusammen vor Lachen. Wir stopften uns eine Pfeife und fühlten uns wie die Größten! Mein Versprechen an Gott war augenblicklich wieder vergessen.

Danach ging es in meinem Leben rapide bergab. Das Milieu, in dem ich unterwegs war, war ein Albtraum: Du konntest keinem vertrauen, es wurde ständig nur gelogen, dein Besitz war nicht mal vor deinen Kumpels sicher. Meinen Eltern konnte ich in dieser Zeit nicht mehr in die Augen schauen, zumindest nicht nüchtern. Nur unter Drogeneinfluss hatte ich ein wenig Selbstsicherheit. Nach einem großen Deal konnte ich für einige Zeit das Verticken sein lassen. Mit einigen Kumpels lebte ich in Frankreich und fühlte mich frei. Das Wetter war super, die Frauen waren super, die Sauferei war super. Trotzdem konnte ich das alles nicht genießen. Mein Leben war nur noch unter Drogeneinfluss irgendwie erträglich. Immer mehr bekam ich den Eindruck, dass es Freiheit überhaupt gar nicht gibt.

Zurück in Deutschland stieg ich wieder ins Geschäft ein. Es war Sommer 1993. Noch immer ohne Führerschein fuhr ich mit dem Motorrad durch die Gegend. Ich wollte einen Freund mitnehmen, der aber keinen Helm dabeihatte. »Kein Problem«, meinte ich, »ich kenne einen Schleichweg durch den Wald, da sieht uns keiner.« Noch bevor wir am Wald ankamen, nahm uns jemand an einer Kreuzung die Vorfahrt, und wir knallten ihm volle Kanne in die Seite. Mein Kumpel ohne Helm, ich hatte meinen Helm nicht zugemacht. Wir flogen über die Kreuzung, waren überall am Bluten, hatten Knochenbrüche, Gehirnerschütterung und noch einiges mehr. Auf keinen Fall wollten wir die Polizei dahaben, doch da ließen die Passanten nicht mit sich reden. Beim Fahren ohne Autoführerschein war ich lange Zeit damit durchgekommen, dass ich mich als mein Bruder ausgab. Jetzt war allerdings das Problem, dass mein Bruder keinen Motorradführerschein hatte. Bei der ersten Gelegenheit flüchtete ich aus dem Krankenhaus, das Bein im Gips, den Arm in der Schlinge ... Ich ließ mich abholen und zum Haus meiner Eltern bringen, die zu der Zeit im Urlaub waren. Dort spürte die Polizei mich auf, doch wieder konnte ich sie irgendwie abwimmeln. Innerlich war ich am Ende. Ich wusste absolut nicht mehr weiter. Ich ging in den Keller meiner Eltern, warf alles an Drogen ein, was ich noch in den Taschen hatte, und setzte mir ein Messer an die Pulsader. In diesem Moment kam meine Kindheit vor mein inneres Auge. Die Lieder, die Geschichten, die Gebete – alles war plötzlich wieder in meinem Kopf. Mir war klar: Wenn ich mir jetzt die Adern aufschneide, werde ich gleich vor Gott stehen. Was würde er sagen? Er würde mich einfach wegschicken, was sonst?! Ein Bibelvers ging mir durch den Kopf: »So sehr hat Gott die Welt geliebt, dass er seinen einzigen Sohn gab, damit jeder, der an ihn glaubt, nicht verlorengeht, sondern ewiges Leben hat.« Ähnlich wie damals an der holländischen Grenze betete ich noch einmal: »Wenn es noch irgendeine Möglichkeit gibt, Gott, dann bitte, bitte, bitte hilf mir hier raus!« Ich schlief ein. Am nächsten Morgen war mir diesmal noch ganz klar, was ich getan und was ich gebetet hatte.

In jener Zeit gab es einen Mann, Jürgen, der immer für mich da war, der mich immer wieder besucht hatte. Ohne mich zu bedrängen, hatte er mir dennoch signalisiert: »Andi, du kannst jederzeit zu mir kommen.« Er war ein Christ, aber hatte mich nie mit den Sachen über Jesus zugetextet. Jetzt wusste ich: Zu dem muss ich hin. Mit einem Taxi fuhr ich zu ihm und klingelte. Als sich die Tür öffnete, meinte er nur: »Mensch Andi, das hat aber lange gedauert, bis du kommst. Schon so lange bete ich für dich!« Es sprudelte nur so aus mir heraus: »Gott kann mich nicht annehmen, wie soll der das machen? Guck dir mal mein Leben an, was da alles passiert ist! Klar wünsche ich mir, frei zu sein, einfach leben zu können und diese ganze Schuld loszuwerden …« Jürgen erklärte mir noch mal die Gute Botschaft: »Glaubst du, dass es Gott gibt?« »Ja«, meinte ich. »Glaubst du, dass er seinen Sohn gegeben hat, damit wir durch seinen Tod leben können?« »Ja«, sagte ich, obwohl ich es nicht richtig verstand. Jürgen erklärte es mir wieder und wieder: »Wenn du auf Jesus Christus vertraust und ihm dein Leben gibst, dann hilft er dir da raus! Du hast Mist gebaut wie alle anderen Menschen auch. Nicht nur der Drogenhandel oder das Fahren ohne Führerschein sind falsch vor Gott. Schon die Notlüge, das geklaute Blech aus der Werkstatt deines Chefs oder die zehn Blatt Kopierpapier, die du aus dem Büro mitgehen lässt, sind nicht in Ordnung – wenn wir es an den Maßstäben Gottes messen! Den Maßstäben Gottes werden wir einfach nicht gerecht. Kein Mensch kann Gottes Maßstäben gerecht werden, keine Mutter Teresa, kein Papst, kein Andi. Die Menschen, die vor der Zeit Jesu gelebt haben, konnten mit Gott ins Reine kommen, indem sie sich ein Tier besorgten und es opferten. Das Tier starb dann anstelle der Menschen. Problematisch an dieser Regelung war, dass es niemals genug Tiere geben könnte, um für die Schuld der Menschen zu sterben, dafür häufen wir Menschen zu viel Böses an. Wir sind so verdorben. Deshalb hat Gott seinen Sohn auf die Erde geschickt. Jesus sagte den Menschen, dass er gekommen sei, um armen Menschen eine gute Botschaft zu verkündigen, für die Gefangenen Freiheit auszurufen, Blinden das Augenlicht wiederzugeben und Zerschlagene in die Freiheit zu senden. Was für eine Botschaft! Das ist das, was Jesus für uns Menschen getan hat. Am Ende seines Lebens wurde Jesus ans Kreuz genagelt. Er ist damit das Opfer geworden – so, wie die Opfertiere in der Zeit vor Jesus. Er war der Einzige, der als Opfer infrage kam, denn er lebte sein Leben, ohne gegen Gott zu sündigen.«

Mehr und mehr verstand ich, was Jürgen mir erklären wollte, und schließlich betete ich: »Jesus, komm in mein Leben und nimm die Schuld weg. Ich kann es nicht selbst tun!« Ich spürte, wie Jesus mir die Last abnahm, brach in Tränen aus, als ich das spürte. Ich bekannte Gott die Schuld, die mir bewusst wurde. »Oh Happy Day!«

Jürgen wusste, dass ich aus Schwelm wegmusste, wenn mein Leben irgendwie wieder in geregelte Bahnen kommen sollte. Seine Versuche, mich in eine Drogentherapie oder Gefährdetenhilfe zu bringen, scheiterten. Stattdessen sagte ich: »Bring mich nach Schoppen zu Wolfgang und Ulla.« Das waren mein Onkel und meine Tante, die ich dann wenige Stunden später nach vielen Jahren erstmals wiedersah. Als Teenie hatte ich ihre christlichen Freizeiten in einem abgelegenen Tal im Sauerland gerne besucht. In jener Zeit war ich dort als »Bomber« bekannt, meinem Körperformat entsprechend und weil ich beim Fußball immer in der Verteidigung spielte und mit Vorliebe den Ball nach vorne drosch. Vielleicht auch, weil ich gerne mit dem Kopf durch die Wand ging und ein unangepasster Dickschädel war. Nun stand ich da vor meinem Onkel, den kaputten Arm in der Schlinge, eine Bermuda-Hose und ein Hawaii-Hemd an, Schlappen an den Füßen, die Haare hingen seitlich bis auf die Schultern herab – ein Hippie der 90er. Wolfgang und ich grinsten uns an.

Er war schon immer ein Bücherwurm, und so dauerte es nicht lange, bis auch ich mit dem Lesen beginnen musste. Voller Stolz konnte ich ihm schon nach einigen Tagen berichten, dass ich erstmals ein Buch bis zum Ende durchgelesen hatte. Wolfgang und Ulla hielten es tatsächlich mit einem Typen wie mir aus: Ich hatte keinen Berufsabschluss, hatte oft Mühe mit Autoritäten, und es ging mit mir noch ziemlich auf und ab. Aber ich erfuhr die Hilfe vieler Freunde, um charakterlich und im Leben als Christ zu wachsen. Mit der Zeit lernte ich, Verantwortung zu übernehmen. Mein Onkel ließ mich in seiner christlichen Buchhandlung mitarbeiten, und schließlich wurde ich dort Geschäftsführer. Nun mangelte es mir nicht an Ideen und Motivation, auch anderen Menschen, vor allem durch gute Bücher, eine Begegnung mit Jesus Christus zu ermöglichen.

Für mich war das Verbreiten von christlichen Büchern weit mehr als ein Job und ein Broterwerb. Obwohl ich bis zu jener Zeit, als ich mein Leben Gott anvertraut hatte, kein einziges Buch gelesen hatte, wurde ich nun auch zur Leseratte. Vor dem Hintergrund meiner eigenen Lebensgeschichte konnte ich vielen mit Büchern oder persönlichen Gesprächen durch schwierige Zeiten durchhelfen.

Mein Leben war so lange ein Suchen nach der Freiheit. Lange habe ich gedacht, Freiheit sei, wenn man tun und lassen kann, was man möchte. Heute weiß ich: Freiheit ist die Gewissheit, dass mein Leben in Gottes Hand ist; dass ich die Ewigkeit bei Gott verbringen werde; dass ich heute ohne Angst leben darf. Kein Geld, kein Urlaub und nichts auf der Welt hat einen solchen Wert, wie wenn du Frieden mit Gott hast.

Andi B. wachte plötzlich und unerwartet, aber auch völlig friedlich, an einem Sonntagmorgen im Sommer 2016 im Alter von 45 Jahren nicht mehr auf. Seine innere Ruhe kam aus der Gewissheit, die wichtigste Frage seines Lebens längst geklärt zu haben: »Wie stehe ich zu Gott, und wie steht er zu mir?« Auf wunderbare Weise drückt sich das durch den Vers aus, der auf Andis Todesanzeige stand: »Da schickte der König nach ihm und schenkte ihm die Freiheit.« Andi war gut vorbereitet, sein Testament war verfasst, auch seine Beerdigung hatte er geplant, denn es war ihm wichtig, dass die Menschen dort das hören würden, was ihm selbst im Leben so wichtig war: die gute Botschaft von der echten Freiheit, die nur durch Jesus zu finden ist. Sein Leben hat sehr deutlich gemacht, dass es für Gott keine hoffnungslosen Fälle gibt. Das gilt übrigens auch für jeden von uns!

SABRI
WIE ICH MEINE FAMILIE VERLOR UND TROTZDEM MEIN GLÜCK FAND

Hallo. Ich heiße Sabri.

Geboren bin ich in Syrien, in einem kleinen Dorf nahe der türkischen Grenze. Meine Eltern sind Angehörige der jesidischen Religion und somit auch Kurden. Ich bin der Älteste von fünf Geschwistern (ich habe drei Brüder und eine Schwester). An meine Kindheit und Heimat erinnere ich mich sehr gerne. Ich durfte bis zu meinem zehnten Lebensjahr eine schöne Kindheit genießen. Mein Vater war Lehrer und meine Mutter Hausfrau. Mein Vater war ein sehr angesehener Mann, besonders unter den Jesiden. Die ganze Familie von meinem Vater lebte in Deutschland. Aber er hatte sich damals als ältester Sohn entschieden, nicht mit seiner Familie nach Deutschland auszuwandern – wegen meiner Mutter und wegen seines Berufs. Die Familie von meiner Mutter lebte in Syrien.

Nun – einige Jahre später – entschieden sich meine Eltern, doch noch nach Deutschland auszuwandern. Vorher waren wir einmal in Deutschland zu Besuch. Ich war begeistert von diesem Land und wollte sehr gerne später hier leben – mit meiner ganzen Familie.

Als ich zehn Jahre alt war, sollte es dann so weit sein. Mein Bruder und ich wurden nach Deutschland geschickt zu meinen Großeltern, den Eltern von meinem Vater. Aber das Schlimme war: Der Rest der Familie blieb in Syrien. Mein Vater und meine Brüder durften zwar nach Deutschland, aber meine Mutter nicht. Die syrische Regierung gab ihr keine Erlaubnis, das Land zu verlassen. Und weil meine zwei anderen Brüder noch sehr klein waren, blieben sie bei meiner Mutter. Natürlich musste mein Vater deshalb auch in Syrien bleiben, um die Familie zu ernähren.

So hatte ich mir das nicht vorgestellt – und ich denke, meine Eltern auch nicht. Es war unfassbar traurig: ein Zehnjähriger und sein zwei Jahre jüngerer Bruder, getrennt von Heimat, Freunden und Familie. Es schmerzt mich immer noch, wenn ich an die ersten Wochen oder Monate zurückdenke. Ich kann mich daran erinnern, dass ich fast täglich weinte. Ganz schlimm war es, wenn ich mit meiner Mutter telefonieren wollte: Ich bekam kaum ein Wort heraus, ich musste nur weinen. Wann würde ich meine Mutter, meine Geschwister und meinen Vater wiedersehen? Ich zählte die Tage, aber aus Tagen wurden Monate, und aus Monaten wurden Jahre. Ganze zwölf Jahre, um genau zu sein. So bin ich zwölf Jahre ohne meine Eltern aufgewachsen.

In dieser Zeit kreiste immer wieder dasselbe Bild in meinem Kopf: Es war die Szene, wie ich meine Mutter das letzte Mal anschaute, bevor ich sie aus den Augen verlor. Sie sah mir tief in die Augen, während sie vor Schmerz weinte. Als hätte sie es geahnt, dass aus »ein paar Tage später« ein »ein paar Jahre später« werden würde. Ich kann mir nicht genau vorstellen, wie schlimm das für meine Mutter war, aber als dreifacher Vater kann ich das heute ein bisschen nachfühlen. Es muss auch für sie ein unfassbarer Schmerz gewesen sein.

Zu Anfang hatte ich ganz große Hoffnung, dass der Rest der Familie bald nachkommen würde. So trösteten mich auch mein Vater am Telefon und meine Großeltern und der Rest der Verwandtschaft hier in Deutschland. Das war unter anderem auch der Grund, warum mein Bruder und ich überhaupt noch hier in Deutschland bleiben sollten. Doch als Monate und Jahre vergingen, gab ich die Hoffnung langsam, aber sicher auf. Der einzige Kontakt mit der Familie während allen diesen Jahren blieb das Telefonieren.

Da war ich. In einem traumhaften, aber auch fremden Land. Bei den Großeltern und dennoch bei fremden Menschen, die ich mit meinen zehn Jahren nur vom Hören und von Bildern kannte. Doch jetzt war ich ein weiteres Mitglied in der Familie. Mein Bruder und ich waren nicht die einzigen Kinder im Haus. Drei Onkel und zwei Tanten mit ihren Kindern lebten auch noch zu Hause.

Es war eine große Umstellung und Herausforderung – für alle. Die erste Zeit war somit sehr schwer. Ich wusste, dass es Tage gab, an denen mein Bruder und ich nicht willkommen waren. Das zeigte sich in mancherlei Hinsicht. Aber ich musste stark bleiben. Ich fühlte mich allein und im Stich gelassen. Also nahm ich mir vor, mich allein durch das neue Leben hier in Deutschland durchzuboxen. Wortwörtlich! Denn so begann meine Schulzeit. Ich besuchte ab der dritten Klasse die Grundschule, ohne ein Wort Deutsch zu können. Ich war das einzige Kind in der Klasse, das die deutsche Sprache nicht beherrschte. Das war mir manchmal peinlich, aber ich gab mir Mühe. Trotzdem gab es sehr viele Konflikte in der Schule. Ich hatte aber leider nie gelernt, sie zu lösen, und wandte daher in solchen Fällen dann Gewalt an. So prügelte mich mit jedem, der mich auch nur schief anguckte. Die Lehrer waren verzweifelt. Ich war auch wegen meines Verhaltens ein Außenseiter. Man duldete mich, aber wirklich befreundet war ich mit keinem.

Nach zwei Jahren kam ich dann auf die Hauptschule. Mit mir hatte sich nichts geändert, außer dass ich jetzt etwas mehr Deutsch sprach. Ich war aber trotzdem noch sehr überfordert mit der Sprache. Dass ich aber nur Sechsen und Fünfen schrieb, lag nicht nur an der Sprache, sondern vor allem an meinem Desinteresse. Damit meine Großeltern das nicht mitbekamen, fälschte ich immer die Unterschrift. In Syrien war ich einer der besten Schüler der Klasse gewesen, hier der schlechteste. Es gab auch zu Hause nie wirklich jemanden, der das alles kontrollierte, Interesse zeigte oder mich gar förderte. Trotzdem wollten sie zu Hause immer ein »Sehr gut« sehen – ich war schließlich der Sohn eines Lehrers. Auch als ich in der achten Klasse war, meine Noten sich verbesserten und ich sogar ein paar Zweien auf dem Zeugnis hatte, hielt sich die Begeisterung zu Hause sehr in Grenzen.

Leider habe ich mich mit meinen Großeltern nie gut verstanden. Ich kann mich nur an wenige schöne Momente mit ihnen erinnern. Sie waren sehr streng. Mein Opa wollte nie, dass ich Freunde besuchen gehe. Er erlaubte mir nicht einmal, in einen Basketballverein zu gehen. Trotzdem tat ich es. Mit 13 hatte ich meine Liebe für diesen Sport entwickelt. Ich war sehr talentiert und wurde immer besser. Wenn ich Unterstützung von zu Hause gehabt hätte, wäre ich wahrscheinlich weit damit gekommen. Das hatte ich aber nicht. Aus diesem Grund musste ich mit 15 Jahren das Angebot eines Regionalliga-Trainers, der mich in seiner Mannschaft haben wollte, ablehnen. Man wollte zu Hause von mir immer sehr gute Leistungen sehen, aber die Leistungen, welche ich mit viel Leidenschaft auf dem Spielfeld zeigte, haben sie nicht wahrgenommen. Wie denn auch? Es hat sich nie jemand von meiner Familie, weder mein Großvater noch sonst jemand, auch nur ein einziges Spiel von mir angesehen.

Bei meinem besten Freund sah das mit dem Basketball und seinen Eltern nicht viel anders aus. Sie waren konservative Christen. Sie hatten immer Angst, dass ihr Sohn durch den Sport seinen Glauben verlieren und auf falsche Wege kommen könnte.

Ihre Angst war auch nicht ganz unberechtigt. Es war vielleicht nicht der Sport schuld, aber die

Freunde, mit denen man gezockt hat. Mit meinem besten Freund und noch einem anderen Jungen fingen wir mit dem Kiffen an, als wir gerade einmal 14 Jahre alt waren. So kam ich auf den Geschmack von Marihuana. Am Anfang war es nur einmal im Monat, aber es dauerte nicht lange, bis ich regelmäßig konsumierte. Ich rauchte keine Zigaretten, aber kiffte fast täglich. Kurze Zeit später probierte ich auf dem Pausenhof während der Schulzeit das erste Mal Amphetamin. Danach ging ich wieder in den Unterricht. Wieder eine kurze Zeit später nahm ich Pillen zu mir. Ein paar Monate später probierte ich Pilze. Da ist es aber bei einem Mal geblieben, genauso wie bei Koks. Wahrscheinlich hätte ich öfters Koks genommen, wenn ich das Geld dazu gehabt hätte. Aber so war ich voll in den Drogen drin. Sie durften auf keiner Party fehlen.

Ich musste in dieser Drogenszene mit ansehen, wie Menschen, die alles hatten (Job, Wohnung, Beziehungen ...) durch die Drogen alles verloren haben. Aber das schreckte mich nicht ab. Selbst dann nicht, als ich erfuhr, dass ein enger Freund von der Polizei mit kiloweise Marihuana, Koks und anderen Drogen geschnappt wurde und im Gefängnis landete. Er wollte an das schnelle Geld und verlor am Ende alles. Diese Drogenkarriere wollte ich eigentlich auch starten, aber dafür war ich zu ängstlich. Ich wollte nicht, dass meine Großeltern oder überhaupt jemand aus meiner Verwandtschaft etwas davon mitbekam. So ging es ungefähr drei Jahre lang weiter. Ich schaffte es irgendwie, alles so zu verheimlichen, dass zu Hause keiner etwas mitbekam. Natürlich gab es oft Ärger, weil ich bis in die Nacht unterwegs war, aber das juckte mich nicht.

Mit 17 begann ich nach der Schule gezwungenermaßen eine Ausbildung zum Gerüstbauer. Ich hatte eigentlich keine Lust auf diesen Beruf, aber ich hatte nichts anderes gefunden. Die Ausbildung dauerte drei Jahre. Und obwohl ich mich mit meinem Chef überhaupt nicht gut verstand und ich nie gerne zur Arbeit ging, kann ich rückblickend sagen, dass diese Zeit mein Leben positiv geprägt hat. Ich habe in dieser Zeit zwei wichtige Menschen kennengelernt: meine Frau und einen Arbeitskollegen, der durch sein vorbildliches Verhalten mein Leben in die richtigen Bahnen lenkte. Er war ein Christ, und ich merkte, dass er etwas hatte, was ich auch brauchte. Denn in dem ganzen Schlamassel meines Lebens suchte ich im Grunde nach der Wahrheit.

Ich war Jeside, also habe ich zuerst angefangen, meine eigene Religion zu erforschen. Ich wusste nicht viel darüber, trotzdem war ich stolz wie ein Löwe, ein Jeside zu sein. Aber warum überhaupt? Was glaubte ich eigentlich als Jeside? Warum glaubte ich das, was meine Eltern und Familie glaubten? Was bringt mir das am Ende, außer krankhaftem Stolz? Einige Monate lang widmete ich mein Leben komplett der Religion. Ich wollte ein vorbildlicher Jeside sein. Ich erhoffte mir dadurch, von den ganzen Drogen, Frauen und Partys wegzukommen. Doch mein größter Wunsch war, herauszufinden, ob das, was ich glaubte, die Wahrheit war und ob ich damit Gott begegnen konnte. Trotz all meiner Bemühungen hatte ich nicht das, was mein Arbeitskollege hatte. Was war das nur? Er war religiös, aber das war ich auch. Woran lag es? Was machte den Unterschied?

Ich war neugierig und fragte ihn oft über seinen Glauben aus. Je mehr ich erfuhr, umso mehr wollte ich wissen. Er schenkte mir das Neue Testament (den zweiten Teil der Bibel), und nach ein paar Monaten traute ich mich, darin zu lesen, nachdem ich die Zimmertür abgeschlossen hatte. Ich war begeistert von Jesus. Von seinen weisen Worten, von seinem Umgang mit anderen. Jetzt wusste ich: Das, was mein Arbeitskollege hatte und mir fehlte und was den großen Unterschied zwischen meiner und seiner Religion ausmachte, war Jesus Christus. Das stellte mich wirklich vor ein Problem: Ich konnte meine Religion nicht wechseln. Bei uns sagt man: »Einmal als Jeside geboren, bist du dein Leben lang Jeside.« Mein Stolz und die Angst vor der Reaktion meiner Familie hielten mich davon ab, mich für Jesus zu entscheiden. So habe ich den Gedanken verdrängt und lebte mein Leben weiter.

Ich war zu der Zeit bereits ein paar Monate mit meiner Freundin Detty zusammen. Es war eine Beziehung mit wenigen Höhen und dafür vielen Tiefen. Ich sah eigentlich keine Zukunft für uns, denn sie war aus dem Kongo. Bei den Jesiden gibt es zwei ganz strenge Verbote: Du darfst niemals deine Religion wechseln, und du darfst niemals einen Nicht-Jesiden heiraten. Ich war kurz davor, beide Verbote zu missachten. Zu dieser Zeit lebte ich mit meiner Freundin in Duisburg. Ich hatte es als Einziger in der Familie geschafft, unverheiratet aus dem Haus auszuziehen. Natürlich wussten meine Großeltern nichts davon, dass ich mit meiner Freundin zusammenwohnte. Sie konnten es auch schwer kontrollieren, denn sie lebten in Ostwestfalen-Lippe und ich in Duisburg. Ich hatte mich nämlich nach Beendigung meiner Ausbildung als Gerüstbauer für eine neue Ausbildung im medizinischen Bereich entschieden und musste dafür ins Ruhrgebiet umziehen. Obwohl ich wusste, dass es kein einfacher Weg für mich sein würde, entschied ich mich, mein Leben mit Detty zu verbringen.

Nach etwa drei Jahren Beziehung wurde unser erster Sohn in Duisburg geboren. Ab dem Moment wurde mir bewusst, dass ich nun eine große Verantwortung für meine kleine Familie trug. Ich musste mich jetzt ändern. Doch ich wusste: Ich würde das nie aus eigener Kraft schaffen. Aber ich erinnerte mich wieder an meinen christlichen Arbeitskollegen. Eines Mittwochmorgens griff ich vor der Arbeit zum Handy, rief ihn an und sagte ihm, dass ich jetzt ein Christ werden möchte. Am kommenden Sonntag, es war der 3. Februar 2013, habe ich mich für ein Leben mit Jesus Christus entschieden. Ich gab Jesus mein ganzes Leben unter Tränen hin. Er hat mir alle meine Sünden vergeben. Es war ein unbeschreiblicher Moment an diesem Tag. Ich bin endlich Gott begegnet. Er hat aus mir einen neuen Menschen gemacht. Und ich hatte endlich die Wahrheit gefunden. Jesus allein ist die Wahrheit. Nur Jesus konnte mich von Drogen und all dem Dreck, den ich in meinem Leben gesammelt hatte, befreien. Bei Jesus habe ich Antworten auf meine Fragen bekommen. Als Jeside wusste ich nicht, ob ich die Ewigkeit bei Gott verbringen würde, als Christ weiß ich, dass ich bei ihm sein werde. Niemand ist für meine Sünde gestorben als nur der Sohn Gottes allein. Niemand hat von sich aus behauptet, dass er der Weg, die

Wahrheit und das Leben ist und dass er der einzige Weg zu Gott, unserem Vater im Himmel, ist, als Jesus allein.

Meine Freundin erkannte mich nicht wieder, als ich nach dieser Begegnung mit Gott nach Hause kam. Sie sagte, ich war wie ausgewechselt. Das hatte natürlich nur Gott gemacht. Sieben Wochen später hat auch sie ihr Leben Jesus Christus anvertraut. Dettys Geschichte findest du übrigens auch in diesem Buch!

Heute sind wir glücklich verheiratet und stolze Eltern von drei Jungs. Wir leben im Pott und lieben die Menschen hier. Wir sind nicht besser oder anders als andere Menschen, aber der Maßstab für unser Leben ist die Bibel. Unser Vorbild Jesus Christus.

Ihr fragt euch bestimmt, wie meine Eltern, Großeltern und Familie darauf reagiert haben? Meine Eltern und Geschwister leben mittlerweile auch in Deutschland. Ich habe meinen Eltern alles erzählt. Natürlich waren sie nicht begeistert. Bis heute nicht. Leider habe ich keinen Kontakt mehr zu meinen Verwandten und nur einen sehr schlechten Kontakt zu meinen Eltern und Geschwistern. Sie leben in der Hoffnung, dass ich bald meine Familie und meinen Glauben hinschmeiße und wieder nach Hause zurückkehre.

Ich kenne ihren Stolz sehr gut, aber im Gegensatz zu ihnen durfte ich erfahren, dass dieser Stolz einen Menschen blind macht. Ich weiß, dass sie das nicht so sehen. Das ist auch o. k. Doch dieser Stolz hindert meine Eltern daran, ihre Enkel aufwachsen zu sehen. Bis heute haben sie unsere Söhne nicht gesehen und noch nie nach ihnen gefragt. Obwohl unser erster Sohn wie mein Vater heißt, denke ich, dass sie nicht einmal wissen, wie ihre Enkel heißen. Obwohl es mir sehr schwerfällt, so von meiner Familie ausgestoßen zu sein, weiß ich sicher, dass es noch viel wertvoller für mein Leben ist, Jesus zu kennen. Ich habe die Entscheidung für Jesus Christus nicht bereut.

Lieber Leser, ich weiß nicht, wer du bist, und wir kennen uns nicht. Ich weiß nicht, wie dein Leben aussieht.

Vielleicht bist du ein stolzer Jeside und ärgerst dich, dass ich Christ geworden bin.

Vielleicht erträgst du das Leben nur, weil du dich mit Drogen und Alkohol vollpumpst.

Vielleicht bist auch du ohne Eltern aufgewachsen.

Vielleicht bist auch du auf der Suche nach der Wahrheit.

Ich will dir sagen, dass ich dich verstehe und deine Situation voll nachempfinden kann. Ich möchte dir aber auch sagen, dass Jesus auf dich wartet. Er möchte, dass du zu ihm kommst.

Ich möchte mit meiner Lebensgeschichte nur eins erreichen: dass du Mut gewinnst, zu Jesus JA zu sagen, und dein Leben mit ihm teilst. Du wirst wahre Wunder erleben – wie ich.

DETTY
AUF DER SUCHE NACH EINEM VATER

Das Centro in Oberhausen ist ja das größte Einkaufszentrum in Deutschland.

Obwohl ich in Wesel am Niederrhein gewohnt habe, verbrachte ich doch die meiste Zeit im Teenie- und Jugendalter dort. Shoppen, was das Herz begehrt, oder einfach nur abhängen und Leute beobachten. Frauen mit vollgepackten Taschen und Männer, die schlecht gelaunt hinterherlaufen. Verkäufer, die versuchen, den Leuten irgendwelche Pröbchen anzudrehen. Ein Ort voller Leben. Nach dem Shoppingerlebnis konnte man dann den Tag in der Coca-Cola-Oase ausklingen lassen. Oder einfach abends mit ein paar Freunden auf der Promenade etwas Leckeres essen und trinken. Es ist ja für jeden Geschmack etwas dabei. Italienische oder griechische Küche, deutsches Bier oder Cocktails beim Mexikaner. An diesem Ort konnte ich einfach abschalten und meine Sorgen für eine Zeit vergessen.

Mein Name ist Detty, geboren bin ich in der Elfenbeinküste.

Meine Eltern kommen aber aus dem Kongo.

Meine Mama war Tänzerin für verschiedene berühmte Künstler in Afrika, mein Papa war ein Geschäftsmann. Sie lernten sich bei einem ihrer Auftritte kennen. Ziemlich schnell danach kam ich zur Welt. Wir lebten eine Zeit lang in der Elfenbeinküste. Mein Papa war ziemlich oft auf Geschäftsreisen und somit kaum zu Hause. Wenn doch, dann nur für ein paar Tage, und danach war er wieder monatelang weg. Meine Mutter erzählte mir, dass er mich sehr geliebt hat. Finanziell ging es uns sehr gut, aber jeder weiß, dass Geld allein nicht glücklich macht. Leider hatte mein Papa auf seinen Reisen sehr oft verschiedene Affären. Als ich ungefähr im Alter zwischen ein und zwei Jahren war, trennten sich meine Eltern.

Meine Mama wollte ein ganz neues Leben anfangen, weit weg von den ganzen schmerzhaften Erfahrungen, die sie gemacht hatte. Wir wanderten nach Belgien aus, wo wir einige Jahre lebten. Sie lernte dort einen Mann kennen. Diese Beziehung hielt auch nicht lange, und sie trennten sich. Was meine Mum nicht wusste: Sie war schwanger von diesem Mann. So kam mein kleiner Bruder in Belgien zur Welt. Mama war immer sehr bemüht, eine gute Mum zu sein, doch die zerbrochenen Beziehungen hatten ihre Narben hinterlassen. Wir lebten in Belgien in einem wunderschönen Haus. Daran kann ich mich noch sehr gut erinnern. Ich war ungefähr fünf Jahre alt, da lernte sie jemand Neues kennen. Das alles ging sehr schnell. Wir sollten ihn »Papa« nennen. Meinen leiblichen Vater hatte ich vergessen. Ich wusste nicht einmal, wie er aussah, geschweige denn, wie er sich anhörte oder roch. Ich wusste nur: Endlich haben wir einen Papa, endlich sind wir eine vollkommene Familie, endlich bekomme ich auch Vaterliebe und Wärme. Doch so war es nicht. Denn von dem Zeitpunkt an, als er in unser Leben trat, veränderte sich unser aller Leben. Er war nicht nur untreu, nein, er schlug meine Mutter und missbrauchte mich seelisch und sexuell. Meinen kleinen Bruder schien er lieb zu haben.

Meine Mutter und der Stiefvater wollten ein neues Leben in Deutschland führen – ein Neuanfang in einem neuen Land. Dennoch blieb alles Negative gleich: zwar ein neues Land, eine neue Sprache und neue Sitten, aber trotzdem mein altes Leben. In Wesel haben wir dann gewohnt.

So wuchs ich in ständiger Angst um mich, meine Geschwister und meine Mutter auf. Ich sehnte mich einfach nur nach Geborgenheit, Verständnis und Annahme. Es verging kaum eine Nacht ohne Tränen, doch keiner konnte mich trösten. Jedes Mal, wenn meine Mama nicht da war, kam er und missbrauchte mich. Das ging 13 Jahre so. Meine Mama merkte es nicht, sie war mit ihrem eigenen Leben beschäftigt. Und ich sprach mit niemandem darüber. Ich war die Älteste von mittlerweile vier Kindern und musste in meinen 18 Jahren sehr viel Verantwortung tragen. Kind sein – das war schon lange vorbei. Oft hatte ich den Gedanken, dem Ganzen ein für alle Mal ein Ende zu bereiten. Ich wollte dieses Leben einfach nicht mehr. Doch jedes Mal hatte ich meine Geschwister vor Augen – ich konnte sie nicht alleinlassen.

In der Schule oder auch später im Arbeitsleben lernten mich die Leute immer als sehr glücklichen und fröhlichen Menschen kennen. Was von außen wie ein lautes Lachen aussah, war in meinem tiefsten Inneren ein verzweifeltes Weinen. Ich führte ein Doppelleben. Ich lenkte mich mit Partys und Jungs ab. Liebe, Geborgenheit und Sicherheit – danach sehnte sich mein Herz. Meine einzige Stütze war die Musik, aber auch die tröstete mich nur eine Zeit lang. Ich sang für Rapper aus der Underground-Szene die Vocals und Backings. Stundenlang hörte ich R 'n' B, Hip-Hop und Soul. Doch die Musik konnte diesen Schmerz, der tief in meinem Innersten war, nicht auslöschen. Es verging viel Zeit, bis meine Mutter die Kraft hatte, sich von meinem Stiefvater zu trennen. Nun war er zwar weg, hinterließ aber viele Verletzungen in unserer Familie.

Mit 20 lernte ich Sabri kennen. Sabri kam aus Bielefeld und machte eine Ausbildung zum Gerüstbauer. Ich sah ihn zum ersten Mal und verliebte mich sofort in ihn. Sabri war gebürtiger Kurde aus Syrien. Unsere Beziehung gestaltete sich sehr schwierig, denn Sabri gehörte zu diesem Zeitpunkt dem jesidischen Glauben an. Es war für ihn überhaupt nicht erlaubt, mit jemandem zusammen zu sein, der nicht den jesidischen Glauben hat. So war mein Sabri oft zwischen zwei Stühlen. Wir trafen uns immer heimlich und später dann nur noch bei mir zu Hause. Sabri lebte in Bielefeld und ich im drei Stunden entfernten Wesel. Somit sahen wir uns nur am Wochenende oder an freien Tagen. Er war sehr schnell ein Teil der Familie geworden. Ich liebte ihn, und für mich war klar, dass er es war, den ich eines Tages heiraten wollte. Er wusste allerdings noch nicht so recht, wohin die Reise für ihn gehen sollte. Seine Ausbildung als Gerüstbauer hatte er gerade erst beendet, da wollte er sich schon beruflich umorientieren. Er beschloss, eine Ausbildung als Masseur und Medizinischer Bademeister zu machen. Diese Ausbildung war in Duisburg in der Wedau-Klinik.

Bei uns hatte sich auch viel verändert: Meine Mama hatte wieder einen neuen Lebensgefährten, der aus Duisburg kam. Wir wollten wieder ein neues Leben anfangen, und dieses Mal sollte es wirklich der letzte Neuanfang sein. So zogen meine Mama, ihr neuer Lebenspartner, meine Geschwister, Sabri und ich nach Duisburg. Wir lebten zusammen einige Monate in einem Haushalt, bis Sabri und ich in eine eigene Wohnung zogen. Sabri begann seine Ausbildung zum Masseur, und ich war mit unserem ersten Kind schwanger.

Aber auch zwischen uns war es nicht immer einfach, denn Sabri hatte seine Vergangenheit und ich meine. Dennoch suchten wir nach demselben, und das war Beständigkeit, Liebe und Annahme. Ich war oft sehr einsam und hatte in Duisburg keine Freunde, nur Sabri und meine Familie. Zu meinen alten Freunden wollte ich keinen Kontakt mehr haben, weil zu viele Erinnerungen an früher an ihnen hingen. Außerdem wollte Sabri auch nicht, dass ich mich mit ihnen traf. Unsere Beziehung war angespannt, weil er oft eifersüchtig und kontrollierend war. So war ich oft allein und wieder sehr traurig. Familie ist schön, aber Freunde sind auch wichtig.

Sabri hatte in der Ausbildung zum Gerüstbauer einen Arbeitskollegen kennengelernt, der Christ war und alles, was in der Bibel steht, sehr ernst nahm. Dieser erzählte ihm viel und lud ihn auch mal zu Gottesdiensten ein, doch was ihn am meisten beeindruckte, war dieser Frieden, diese Ruhe. Sein Verhalten, das, was er ausstrahlte, war ganz besonders. Der Arbeitskollege schenkte ihm ein Neues Testament, also den zweiten Teil der Bibel. Als unser Sohn sechs Monate alt war, beschloss Sabri, dass sich etwas ändern müsse. Wir konnten nicht mehr so leben wie bisher. Er las viel im Neuen Testament und betete vor dem Essen. Für mich war das etwas Neues. Ich wurde zwar teilweise christlich erzogen, aber gelebt haben wir den Glauben nicht. Ich wusste, dass es einen Gott gibt, doch er war für mich weit weg, unerreichbar.

Eines Morgens rief Sabri seinen alten Arbeitskollegen an, um ihm zu sagen, dass er genau das Gleiche haben wollte wir er: JESUS. So fuhr er ein paar Tage später nach Bielefeld. Ich weiß es heute noch genau, wie er zurückkam: Ich saß mit unserem Kleinen bei Mama, und es klingelte an der Tür. Sabri kam herein, ich sah ihn an und wusste: Irgendwas ist anders! Er strahlte, er sah verändert aus und benahm sich anders.

Er veränderte sich und veränderte mich mit. Er war nicht mehr eifersüchtig, sehr liebevoll und behandelte mich mit Respekt. Wir hatten wunderschöne Gespräche abends über Gott und die Welt und darüber, was Jesus getan hat. Ich kannte Jesus von zu Hause aber nur vom Hörensagen und von Bibelgeschichten. Aber dass er es ist, der mir eines Tages das geben würde, wonach ich mich sehnte, hätte ich niemals gedacht.

Ich ging mit in den Gottesdienst, wovon ich am Anfang überhaupt nicht begeistert war, aber ich wollte wissen, was die Wahrheit ist. Und ich wollte Sabri verstehen. Ich wollte diese Ruhe, die er ausstrahlte, auch in meinem Leben haben. Die Leute aus der christlichen Gemeinschaft waren sehr nett und aufmerksam. Der Pastor erzählte von einem ganz liebevollen, verständnisvollen, guten Gott. Ich hörte und las in der Bibel, dass Gott mich trösten will (Jesaja 66, Vers 13), dass er mich liebt (1. Johannes 3, Vers 1) und dass er die Leere und Sehnsucht, die ich verspürte, füllen kann, wenn ich es will (Psalm 62, Verse 2+3). Das hat mich sehr bewegt, das kannte ich nicht. Sieben Wochen nachdem Sabri sich für ein Leben mit Jesus entschieden hatte, beschloss auch ich, diesen Weg zu gehen. Ich wusste: Ich brauche ihn! Er ist es, der fehlt. Er ist es, der mich trösten kann. Er hat diese Vaterliebe, nach der ich mich so sehr gesehnt habe. Denn er (Gott) ist Liebe. Heute kann ich sagen: Jesus ist meine allerschönste Liebesgeschichte, die mich aus dem schlimmsten Albtraum der Vergangenheit herausgeholt hat.

Ich bin heute verheiratet mit Sabri, einem Kurden aus Syrien, und wir haben drei Kinder. Wer hätte das gedacht? Ich nicht! Aber Gott wusste es! Keiner hat an unsere Liebe geglaubt, und bis heute tun es die wenigsten. Was ich damit meine, könnt ihr in der Geschichte von Sabri lesen, die auch in diesem Buch aufgeschrieben ist. Ich habe wundervolle Freunde, die immer für mich da sind, mit denen ich viel Spaß habe, in guten wie in schweren Tagen. Und ich habe Jesus, der die Wunden meiner Vergangenheit heilt und mich in schweren Tagen trägt. Er macht aus dem ganzen Mist, der mir passiert ist, etwas Neues. Ich kann anderen Menschen, denen das Gleiche oder Ähnliches passiert ist, helfen. Gott geht manchmal ganz andere Wege mit uns, als wir das erwarten. Es ist nicht immer einfach, aber er kann deine Geschichte neu schreiben. Er ist immer da. Einer, der dich versteht und der dich tröstet – wo du einfach Kind, Tochter, Sohn sein kannst. Einer, der dich unbeschreiblich und unveränderlich liebt. Wenn du auch nach Liebe, Vaterliebe, Annahme, Geborgenheit, Frieden oder einfach nach dem Sinn des Lebens suchst, dann sag ich dir: JESUS ist deine Antwort auf das alles.

Finde es heraus, du wirst es nicht bereuen.

JÖRG
EINE VERZWEIFELTE SUCHE NACH DER WAHRHEIT ÜBER GOTT

»Lieber Gott, mach mich fromm, dass ich in den Himmel komm«, lautete das Gebet, das meine Mutter mit mir unzählige Male abends am Bett gebetet hat. Noch heute sehe ich sie vor mir auf der Bettkante sitzen und höre ihre Worte so deutlich, als wäre es erst gestern gewesen. Dabei ist es schon einige Jahrzehnte her. Einmal abgesehen davon, dass mich die Erinnerung an diese abendliche Gebetsszene noch immer sehr rührt, blieb dieses Gebet nicht ohne Wirkung. Mit dem Wissen und der Erfahrung der letzten rund fünfundzwanzig Jahre ist das auch nicht weiter verwunderlich, denn Gott erhört Gebet. Manchmal habe ich den Eindruck, dass es ihm eine unglaubliche Freude bereitet, Gebete zu erhören. Zugegeben: Manchmal dauert es etwas länger, aber es ist nicht unsere Aufgabe, dass wir Gott Druck machen, unsere Wünsche möglichst bald in die Tat umzusetzen. Bei mir hat es bis ins Erwachsenenalter hinein gedauert, bis mir klar wurde, dass mein kindliches Gebet von Gott erhört wurde.

DER REIHE NACH ...

Aufgewachsen bin ich als zweites Kind einer klassischen Arbeiterfamilie im Ruhrgebiet, genauer in Duisburg. Im Jahr 1965 erblickte ich kurz nach Mitternacht als erstes Kind des gerade begonnenen Monats (eine Tatsache, die meine Mutter stets mit dem Blick einer stolzen Mama betont) das Licht der Welt. Dank meiner sehr fürsorglichen Eltern durfte ich eine wirklich unbeschwerte Kindheit erleben. Ich nahm die übliche Karriere der 1970er-Jahre. Kein Kindergarten, dafür mit sechs in die Grundschule, später Realschule. Die achte Klasse klappte nicht auf Anhieb, sodass ich plötzlich einer der ältesten Jungs in der Klasse war. Eine Tatsache, die im Rahmen der Pubertät durchaus bedeutend sein kann.

Ich war Schlüsselkind – so nannte man die Kids damals, die bereits in jungen Jahren einen eigenen Haustürschlüssel bekamen, weil beide Elternteile noch arbeiten waren, als ich nach der Schule nach Hause kam. So hatte ich Zeit. Viel Zeit. Einsame Zeit. Mein Gebet aus frühester Kindheit hatte ich vergessen. Aber irgendwas in mir hatte dennoch Interesse an Gott. So nahm ich mir eines Tages aus lauter Langeweile die uralte, schwarze und ziemlich verstaubte Bibel meiner Eltern und begann darin zu lesen. Heute fragen mich Menschen oft: »Wo fange ich denn an, die Bibel zu lesen?« Ich finde diese Frage meist etwas irritierend. Schließlich kenne ich es auch von anderen Büchern nicht anders, als dass man vorne bei Seite 1 anfängt. Wo sonst? Niemand kommt auf die Idee, einen Roman irgendwie mittendrin bei Kapitel 7 zu starten und dann in völlig unzusammenhängender Art und Weise die restlichen Kapitel des Buches zu verschlingen.

Mein Bibellesen begann auf Seite 1 einer alten Luther-Bibel und endete etwa auf Seite 7, genau weiß ich es nicht mehr. Der Text war einfach nicht mein Ding. Es mussten weitere Jahre vergehen, bis ich im Alter von 25 Jahren erneut mit meiner eigenen Moralvorstellung, einer großen Angst vor der Zukunft und Gottes Antwort darauf konfrontiert wurde. In der Zwischenzeit war ich Student der Elektrotechnik an der Uni Duisburg geworden. Am 16.01.1991 lief ein Ultimatum seitens der USA zur Befreiung Kuwaits ab. Die Aktion ging als »Desert Storm« oder als »Zweiter Golfkrieg« in die Geschichtsbücher ein. Ein Krieg, den man auch hier in Deutschland morgens um sieben auf dem Fernseher mitverfolgen konnte. Man war live dabei, als Kriegsflugzeuge Bomben abwarfen und Ölfelder brannten. Auf diese Weise wurde ich Zeuge einer unfassbar realen Kriegswelt, die durch meine Glotze bis hinein in meine Wohnung reichte. Und ich hatte Angst. Es war die Zeit, als Gott ein weiteres Mal bei mir anklopfte.

Zu dieser Zeit hatte ich zwei Begegnungen, die mein Leben nachhaltig und radikal veränderten. Zum einen lernte ich eine Frau kennen. Sie war und ist bis heute ein äußerst lebensbejahender und zugleich klar denkender Mensch. Wir beide sprachen damals auch über Gott, über die Bibel, über unsere persönlichen Vorstellungen und Träume. Parallel ertappte ich einen langjährigen Schul- und Studienkollegen dabei, wie er sich im elterlichen Wohnzimmer interessiert mit Zeugen Jehovas unterhielt. Das hat mich damals extrem beeindruckt. *Ausgerechnet er,* dachte ich. *Ein logisch denkender Mann, Student der Elektrotechnik und damit mehr als mittelmäßig naturwissenschaft-*

lich angehaucht. Ausgerechnet er glaubt diesen Firlefanz. So dachte ich. Auf der Suche nach Antworten in meiner etwas komplizierten »Es-ist-Krieg-und-ich-hab-Angst«-Welt gab er mir immer wieder mal kleine Bücher und Schriften aus dem Repertoire der Zeugen Jehovas. Irgendwann bekam auch meine Freundin Wind davon, und wir beide diskutierten – teils nächtelang – über fromme, religiöse oder auch urchristliche Gedanken. Was ich nicht wusste: Ein Kollege meiner Freundin war Christ, las die Bibel, hatte eine echt ungetrübte persönliche Beziehung zu Jesus Christus. Er war es, der meiner Freundin immer wieder mal den Kopf geraderückte, wenn sie mit meinen Ideen und einer völlig vermurksten Weltanschauung konfrontiert wurde, die maßgeblich von meinem Studienfreund und seiner Zeugen-Jehova-Denke kam.

Dieses Ping-Pong-Spiel ging eine ganze Zeit lang: Ich erfuhr Infos, was ich tun musste, um zu Gott zu kommen. Meine Freundin erfuhr mehr von der Tatsache, dass Gott schon alles gemacht hat und er zu mir will. Diese – auf den ersten Blick amüsant erscheinende – Kettenreaktion nahm Mitte März 1991, also rund zwei Monate nach Beginn der Tortur, echt dramatische Züge an: Unsere Diskussionen gingen beinahe jeden Abend bis in die Nacht – eine Trennung war schon fast vollzogen.

Meine Nerven lagen blank, weil ich einerseits die menschliche Logik meines Studienfreundes versuchte nachzuvollziehen, aber andererseits auch erkannte, dass der von meiner Freundin zitierte christliche Glaube durchaus nachdenkenswert war. Aber das Schlimmste war: Ich wollte zu Gott – und wusste nicht mehr, wie es geht. Muss ich etwas tun? Hat Gott schon alles getan? Wie kann ich Jesus kennenlernen? Gibt es Regeln? Welche Bibel ist die richtige? Gibt es überhaupt eine Bibel, der ich vertrauen kann?

Die Situation war für mich extrem belastend. Vielleicht kennen Sie das aus Ihrem Leben auch: Sie möchten gerne zu Gott und wissen nicht, wie. Der eine sagt dies, der andere sagt das. Wer hat recht, wem schenken Sie Glauben?

Ich traf am 15.03.1991 die vermutlich weitreichendste Entscheidung meines Lebens. Ich wusste: Ich musste mich für eine Seite entscheiden, ich musste einen Vertrauensschritt tun. Und so sprach ich Jesus mein Vertrauen aus und bat ihn, dass er mir Klarheit und Sicherheit geben möchte, verbunden mit dem ehrlichen Bekenntnis, dass ich ohne seine Hilfe, ohne das, was er am Kreuz tat, sowieso keine Chance hätte.

Warum ohne seine Hilfe keine Chance? Weil ich um mein bisheriges Leben wusste – und von meinen gescheiterten Versuchen, mich selber – wie Münchhausen – aus dem Dreck zu ziehen. Unzählige Male hatte ich mich über Menschen lustig gemacht, die sich Christen nannten. Mehr noch: In meinem Hochmut hielt ich mich für unbesiegbar und spottete lange über die Frömmigkeit, die ich in der Bibel las. Doch dieses Gedankengebäude hatte nun tiefe Risse erhalten. Ich schämte mich zutiefst! Nun lag der Ball in meinem Feld – Gott hielt mir die ausgestreckte Hand hin, und ich durfte zugreifen.

Interessanterweise tat meine Freundin zum gleichen Zeitpunkt, an einem anderen Ort, genau das Gleiche. Wir wussten aber nicht voneinander. So telefonierten wir am späten Vormittag und erzählten uns gegenseitig von unseren Gebeten. Glauben Sie mir – wenn ich das so aufschreibe, bleibt mir auch heute noch etwas die Luft weg. Wir waren damals beide gedanklich sehr »durch den Wind« und versuchten erst einmal Ruhe in die aufgewühlten Seelen zu bekommen. Dazu fuhren wir in den Duisburger Süden, direkt ans Rheinufer. Dort saßen wir, beobachteten die vorbeifahrenden Schiffe und loteten unser neues Leben aus, von dem wir nicht ahnten – nicht ansatzweise –, wie spannend es noch werden würde.

Denn mit diesem Tag der Entscheidung begann für uns ein neues Leben. Jetzt hatten wir die Gewissheit, dass wir uns mit Jesus für die richtige Seite entschieden hatten. Erst jetzt verstanden wir die Bibel. Wir starteten im Neuen Testament und begannen das Matthäus-Evangelium zu lesen. Nicht alleine. Der Kollege meiner Frau kam täglich dazu. Jeden Morgen gegen sieben wurde für rund eine Stunde die Bibel gelesen. Bei mancher Textpassage blieb mir der Mund offen stehen. Manchmal fühlte ich mich ertappt. Manchmal erfuhr ich unfassbaren Trost. Dann wieder war es ein deutlicher Wink, das eigene Leben zu ändern. Dieses neue Leben nahm immer mehr an Fahrt auf. Es wurde immer wichtiger, Lebensentscheidungen mit Jesus zu besprechen. Das klingt für Sie vermutlich irgendwie etwas irre – aber glauben Sie mir: Es ist das mit Abstand Beste, was Sie machen können, wenn Sie Ihr Leben, Ihr Denken, Ihr ganzes Sein und Tun mit Gott, mit Jesus, synchronisieren.

Aus dem Kollegen meiner Freundin wurde ein guter Freund. Es dauerte nicht lange, bis wir ihn und seine Familie in Oberhausen besuchten. Es entstanden Freundschaften, die bis heute Bestand haben – ja, mehr noch: Meine Freundin und ich waren bald nicht mehr nur Besuch, wir waren Teil der Familie.

Etwa ein Jahr später haben wir damals geheiratet. Und der einstige Kollege war natürlich

Trauzeuge. Weitere anderthalb Jahre später kam unser erster Sohn zur Welt. Wir erlebten als Familie zahlreiche Höhen und Tiefen. Seien es gesundheitliche Dramen, seien es finanzielle Katastrophen. Doch nie – niemals – haben wir je daran gezweifelt, dass alles, was uns geschieht, durch Gottes gute Hand gegangen ist, bevor es uns ereilt hat. In der Zwischenzeit liegt unsere Silberhochzeit schon hinter uns, unsere Kinder sind erwachsen und teils sogar schon selber verheiratet.

»Wenn Gott für uns ist, wer kann dann gegen uns sein?« Diese Worte stammen aus der Bibel, genauer aus dem Brief an die Römer, Kapitel 8, Vers 31. Dieser Vers ist unser Trauvers. Er ist uns seither ein stiller Begleiter, ziert als Bild eine unserer Wohnzimmerwände und ist somit stets präsent. Doch wichtiger als solche Verse, wichtiger als Bücher, als Bilder oder Überzeugungen, ist mir die Gewissheit, dass Jesus Christus sein Leben für mich gab. Dadurch habe ich nicht nur die Chance, sondern das verbriefte Recht, tatsächlich in den Himmel zu kommen, also in jenen Bereich, der von göttlicher Liebe, von Frieden, von all dem gekennzeichnet ist, was wir uns als Menschen so sehr wünschen.

Und vielleicht geschah das alles, weil meine Mutter viele, viele Jahre zuvor bei mir am Bett gesessen hat und für mich und mit mir betete: »Lieber Gott, mach mich fromm, dass ich in den Himmel komm.«

Kein Gebet bleibt irgendwo hängen. Ich bin fest davon überzeugt, dass jedes Gebet, das mit suchendem oder sehnsüchtigem Herzen gesprochen wird, auch tatsächlich in Gottes Ohr kommt. Wann er am Ende dieses Gebet erhört und ob es in unserem erdachten Sinn zur Umsetzung kommt, bleibt dabei allein ihm überlassen.

Ein guter Freund von mir, der genau wie ich diese christliche Überzeugung in sich trägt und der durch viele schwere Stunden in seinem Leben gehen musste, sagt immer wieder:

»Gott gibt uns nicht immer das, was wir wünschen, aber immer das, was wir brauchen.«

ALAN
GRAFFITI UND RAP / DROGEN UND SEX

Wenn du samstags durch die Innenstadt von Augsburg spazierst, wirst du mich wahrscheinlich irgendwo treffen. Ich stehe in der Fußgängerzone und rede von meinem Glauben! Dass ich Leuten von dem Gott der Bibel, von Jesus erzähle, war natürlich nicht immer so.

Wenn ich heute gefragt werde, ob es Beweise für die Existenz Gottes gibt, antworte ich meistens so: »Ja, sogar unzählige. Und mein verändertes Leben ist eins davon.«

Ich weiß, dass diese Aussage nicht jeden Leser direkt von Gott überzeugen wird, aber dennoch lade ich dich ein, einen kleinen Ausschnitt meiner Lebensgeschichte zu lesen.

Ich heiße Alan, bin 35 Jahre alt und glücklich verheiratet mit Ruth, und wir haben eine kleine Tochter. Geboren bin ich in Peru, wo ich die ersten fünf Jahre meines Lebens verbrachte. Meine peruanische Mutter lernte in unserer Heimatstadt Trujillo einen deutschen Physiker kennen, der einen Lehrauftrag an der Universität hatte.

Im November 1989 zogen wir dann nach Dortmund-Huckarde, wo ich meine restliche Kindheit verbringen sollte. Ich erinnere mich an viele schöne Dinge aus meiner Kindheit: Kindergeburtstage, Urlaubsreisen, Familientreffen, abenteuerliche Unternehmungen, das Kennenlernen verschiedener Kulturen, künstlerische Bildung und vieles mehr. Im Großen und Ganzen kann ich sagen, dass ich eine schöne Kindheit hatte und es mir nie an etwas mangelte. Auch wenn sicher nicht alles reibungslos war.

Die Tage wurden in den Hinterhöfen verbracht. Auf den Wiesen wurde gepöhlt, am Kiosk Wassereis gekauft und zwischen den Häuserreihen oder im anliegenden Rahmer Wald wurde Verstecken gespielt. Diese Welt erschien so unendlich groß, alles war aufregend, und ich durfte unser Stadtviertel ziemlich unbeobachtet mit vielen anderen Kindern entdecken.

Meine Eltern waren ziemlich streng und erlaubten mir nicht alles. Einige Kids hatten zum Beispiel schon einen Gameboy und ich halt nicht. Als ich anfing, Kontakte zu Kindern zu haben, die mehr durften als ich, klinkten sich meine Eltern ein. Anfänglich beobachteten sie dies nur, aber bald wurde es mir ganz verboten, mit bestimmten Kindern weiterhin Zeit zu verbringen.

Immer dann habe ich mich heimlich darüber hinweggesetzt. Nicht selten bin ich einfach abgehauen und habe meinen »Stubenarrest« ignoriert.

Einer dieser Freunde, die ich nicht mehr treffen durfte, hieß Sven. Er hatte schon als Neunjähriger zu einigen Vierzehnjährigen Kontakt, die bereits verschiedene Drogen ausprobierten, darunter auch LSD.

Zu meinem neunten Geburtstag bekam ich von meinen Kumpels meine erste Schachtel Zigaretten geschenkt. Mit gerade zehn waren wir oft auf der Eisbahn in Wischlingen. Wir fühlten uns wie die Coolsten, feierten uns selbst zur Musik von Culture Beats »Mr. Vain«, Haddaways »What Is Love« oder Dr. Albans »Sing Hallelujah« und haben uns als Vierzehnjährige ausgegeben.

Ich sollte nach der Grundschule das Gymnasium besuchen, was ich selbst gar nicht wollte, denn meine ganzen Freunde kamen auf die Gesamtschule oder auf die Hauptschule. In den ersten Jahren habe ich wirklich alles versucht, um von der Schule zu fliegen. Manchmal habe ich den Unterricht boykottiert, bin auf Tischen herumgelaufen, habe das Klassenzimmer verlassen, ständig gestört und deutlich gezeigt, wie nervig ich alles fand.

Mein Vater sollte Jahre später selbst Lehrer an dieser Schule werden, und ich war noch immer bekannt bei manchen Lehrern, natürlich nicht im positiven Sinne.

Als ich elf war, schickten meine Eltern mich auf eine Jugendfreizeit, und ich kam erneut mit Älteren zusammen, mit denen ich rauchte und Bier trank.

Als ich vierzehn Jahre alt war, philosophierte ich viel über den Sinn des Lebens, über meine Familiensituation und meine Zukunft. Zu dieser Zeit tat ich mich in der Schule schwerer und hatte oft das Gefühl, dass meine Eltern mich nur nach meinen schulischen Leistungen beurteilten und mich mit meinen Mitschülern verglichen. Das entmutigte mich.

Zeitgleich wurde das Vergleichen und Imponiergehabe ein normaler Bestandteil meines Denkens. Ich interessierte mich für Modemarken, die neuesten Trends und wollte unbedingt von möglichst vielen akzeptiert werden und als »cool« wahrgenommen werden.

Als Sven wieder mein Leben kreuzte, brachte er mich der Graffiti-Szene näher, die in Dortmund eine große Geschichte hat. Writer (Graffitisprüher) wie Chintz (auch unter dem Synonym IZM bekannt) sind zum Beispiel weltweit bekannt. Ich fing an, mich darin völlig zu verlieren, das gab mir was, ich fühlte mich wichtig. Ich zeichnete ständig Skizzen, entwickelte eigene Schriftzüge und schmierte mit Edding alles zu, was nur möglich war. Ziemlich zeitnah kamen die ersten Versuche mit der Sprühdose. Als Sprüher habe ich meine Umwelt plötzlich ganz anders wahrgenommen. Ich hielt Ausschau nach Tags (Schriftzüge von Sprühern), Pieces (Bilder von Sprühern) und wartete stundenlang an den Bahnsteigen auf einfahrende Züge, die zugebombt wurden. Ich mochte es, was Neues zu kreieren, mein Talent zu zeigen und dabei unbekannt zu bleiben. Irgendwie komisch im Nachhinein, aber ich fand es cool, wie alle über die Schmierereien redeten und ich das so inkognito mitbekam.

Wir waren oft mit einigen anderen im Partykeller von Sven und hörten Rapmusik, allen voran Musik aus unserer Stadt. Der Lange von Too Strong mit seinem Soloalbum »Untergrundkönige« und das neue Album von Spax – »Privat (Style Fetisch)« – beeinflussten unsere Gedankenwelt stark. Nebenbei wurden fleißig Entwürfe gemalt.

Bis dato kannte ich zwar vereinzelt Rap aus dem Radio und den Charts, doch früher hörte ich eher viel Popmusik, wie zum Beispiel die Platten von Michael Jackson, East 17 und auch diverse Boy Bands. Aber als ich 1998 das Wu-Tang-Forever-Album hörte, war nichts anderes mehr relevant. Ab da hörte ich hauptsächlich amerikanischen Rap von Gang Starr, Mobb Deep, Rakim, Nas, Redman, Master P., Big Pun, Tupac, Biggie und vieles mehr.

Die Bässe und die Beats haben mich in der Kombination mit den Texten in eine andere Welt entführt. Ich fühlte mich verstanden, und ich staunte nebenbei über die Kunst, passende Reime zu finden, bildhaft zu schreiben und interessante Vergleiche zu hören. In gesellschaftskritischen Texten fand ich meine Wahrnehmung gut widergespiegelt, und nebenbei lernte ich so besser Englisch sprechen☺.

Auf dem Gymnasium gab es auch Jungs, die an Graffiti interessiert waren. Einer von ihnen war Dennis, der Jahre zuvor auch in Huckarde wohnte. Er überspielte mir damals ein paar Tapes mit der Mucke von RAG und Torch, »Die Klasse von '95« und dem »Ä-Tiem«. Das war revolutionär für mich. Damals war Deutschrap für mich noch ziemlich am Anfang, und das meiste kam in meinen Augen an den Style und Flow aus Amerika nicht heran. Aber es gab immer mehr deutsche Musik, die ich entdeckte und mochte, wie zum Beispiel Musik von Curse, Tone, Samy Deluxe, Die Firma und Azad.

Im Jahr 1999 war ich öfters im Dietrich-Keuning-Haus, einem kulturellen Veranstaltungszentrum in der Nordstadt, wo es auch verschiedene Angebote für junge Leute gab, wie zum Beispiel einen Breakdance-Kurs. Darin wollte ich mich versuchen.

Da waren hin und wieder besondere Partys, wo gesprüht wurde, und es gab einen DJ, der die Musik für die Tänzer auflegte. Einmal gab es auch ein Open Mic, und es wurde in der Runde gefreestyled. Irgendwann landete das Mikrofon bei mir, und ich fing einfach an, Reime aneinanderzufügen. Danach kam jemand auf mich zu und fragte mich, ob ich das öfters machen würde, weil er es gut fand. Das gefiel mir natürlich, und seitdem war ein neues Hobby geboren. Ich traf mich zu Freestyle Sessions und suchte Kontakt zu anderen, die auch rappten. Sonderlich gut war ich anfangs aber noch nicht. Auf den verschiedenen Partys oder in den Kifferrunden wurde ich jetzt oft dazu aufgefordert, ein paar Reime zu kicken, auch auf Spanisch.

Mittlerweile gab es auch am Gymnasium einige, die vor der Schule Joints rauchten. Ich spürte zunächst nichts. Auch bei meinen ersten Erfahrungen mit der Bong merkte ich nicht viel von der

Wirkung. Sven fing damals an, »Gras« selbst anzubauen, und fragte mich, ob ich für ihn verkaufen würde. Mir kam das gerade recht. Mein Taschengeld war gestrichen worden, und so hätte ich auch genug Gras für mich, als Eigenbedarf.

Das Kiffen zeigte bei mir, wie schon erwähnt, anfangs keine große Wirkung, aber als wir einen Abend bei Freunden abhingen, knallte das Zeug das erste Mal so richtig. Und ich mochte diese Auswirkung, die verpeilten Gedanken, die aufkamen, oder die Lachflashs. Auch die Hungerattacken auf Süßigkeiten, die auf einmal noch besser schmeckten. Beim Zocken auf der Playstation und Nintendo 64 war man so vertieft ins Spiel, konnte voll in diese Welt abtauchen. Diese gemeinsamen Erfahrungen mit den Jungs schweißten zusammen.

2001 war ich schon in der ersten längeren Beziehung, hatte gerade meine mittlere Reife gemacht und fing eine Ausbildung zum Medizintechnischen Assistenten an. Zu der Zeit war die Welt noch recht heil.

Ein Jahr später freundete ich mich mit Tobsn an. Ich bewunderte ihn. Er war bekannt als Sprüher. Uns verband die Liebe zur Rapmusik und zum Graffiti. Als wir mal fast eine ganze Nacht durchquatschten, waren wir danach nicht mehr zu trennen. Wir nahmen dieses »real sein« ziemlich ernst und meinten damit, dass man das, was man anfängt, auch leidenschaftlich leben und durchziehen sollte.

Wir kamen mit weiteren Freunden aus dem Ort zusammen, und die Plätze vor der Gustav-Heinemann-Gesamtschule waren jetzt unsere Treffpunkte, wo wir jetzt fast täglich mit dreißig bis fünfzig Leuten rumhingen. Es wurde geskatet, gekifft, getrunken, Basketball gespielt, gerappt, gebreakt und gegrillt. Wir träumten gemeinsam von Musik und einer zugebombten Stadt von unserer Crew. Wir konnten viele in unserem Umfeld dafür begeistern. 2003 war die Stadt voll mit unseren Schriftzügen.

Mein erstes BAföG-Geld habe ich direkt in Plattenspieler und Mikrofone investiert.

Dann hingen wir oft zusammen ab und nahmen diverse Freestyle Sessions auf. Wir wollten unser »Raportage Tape« aufnehmen, was uns und unsere Erlebniswelt widerspiegeln sollte.

Ich steuerte die ersten Beats dazu, die ich mit dem Programm Fruity Loops 3 gebaut hatte. Nach und nach entdeckten viele ihre Talente im Schreiben oder im Bauen von Beats.

Wir waren ganz versessen darauf und recordeten viel, aber ohne jegliche Struktur und Plan. Am Ende entstanden nur ein paar Tracks, und das geplante Album wurde nie fertig.

Zu Hause kam es leider vermehrt zu Unstimmigkeiten und zuletzt sogar zu Handgreiflichkeiten. So lebte ich eine ganze Zeit lang erst bei Sven und später auch bei Tobsn. Es dauerte nicht lange, und ich brach meine Ausbildung ab. Ich wollte alles auf eine Karte setzen. Ich dachte wirklich, dass wir mit der Musik groß rauskommen würden. Nebenbei stieg ich immer mehr in das Verkaufen von Dope und Gras ein. Mein Handy klingelte ständig.

Wir waren jung und fühlten uns wie die Größten, fühlten uns unantastbar.

Ich wollte das Leben so intensiv wie möglich auskosten. Für mich bedeutete echtes Leben, feiern zu gehen und tun zu können, was man will. Das ging fast drei Jahre lang so. Unzählige Partys, Abstürze, Drogenexzesse und -experimente.

Ich liebte das Machtgefühl, die Unabhängigkeit und das tun zu können, was ich wollte. Auf der anderen Seite war es im Kopf oft ein reines Gefühlschaos, ein Hin und Her zwischen Größenwahn und Panikattacken, Ängsten und Selbstzweifeln.

Drogen machen was mit dir. Nicht wenige von uns veränderten sich auch persönlich extrem dadurch. Einige bekamen Psychosen, andere wurden sehr stark abhängig und zerstörten sich völlig, andere waren so fixiert auf Geld und Stoff, dass man einander nur noch misstraute.

Im Jahr 2005 trennten sich nach und nach unsere Wege. Die meisten, die zur Clique gehörten, hatten danach auch nur noch vereinzelt miteinander zu tun.

In diesem Zeitraum passierte etwas, was mein Leben nachhaltig verändern sollte. Ich erzähle nur von drei wichtigen Begegnungen, die der wichtigsten Entscheidung meines Lebens vorausgingen. Sicherlich gehören noch viele kleinere und weitere dazu.

ERSTE BEGEGNUNG:

Eines Tages, beim Durchzappen durchs Fernsehprogramm, sah ich eine Frau, die einfach aus der Bibel vorlas. Ich selbst hatte nur an den Feiertagen Berührungspunkte mit der Bibel – Weihnachten, Ostern, Pfingsten. Aber ich hatte keinen wirklichen Bezug dazu.

Ich sehe diese Frau aus der Bibel vorlesen, und sie schämte sich nicht dafür. Ich dachte bei mir: Ich versuche täglich mein Gesicht zu wahren, möglichst nicht peinlich zu sein und cool aufzutreten, und diese Frau hält es für das Normalste der Welt, sich zu Gott zu bekennen. Das beeindruckte.

ZWEITE BEGEGNUNG:

Ich war auf dem Westenhellweg in der Dortmunder Innenstadt und traf auf die Frau, die jeder vom Hörensagen kannte, eine ältere Dame mit Kopftuch. Sie lief mit einem Schild herum, auf dem stand in Blau-Weiß: »Jesus rettet«. Jeder in Dortmund und in den anderen Ruhrgebietsstädten kennt diese Frau. Wir haben immer über diese Frau gelacht. »Ey, hast du diese Jesus-rettet-Frau gesehen?« An diesem Tag bekam ich einen Handzettel von ihr. Um uns herum fielen die abwertenden Sprüche ihr gegenüber, aber sie war die Ruhe selbst. Was du von ihr denkst, ob du sie beleidigst oder sie lächerlich machen willst, das war für sie zweitrangig. Sie wusste genau, woran sie glaubt, und sie konnte aufrecht vor den Menschen stehen. Ich wusste nur: So bin ich nicht. Warum in aller Welt kann sie das?

Damals schrieb ich dazu einen passenden Reim:

Du lachst drüber, aber Jesus rettet,
du lebst geknebelt und gefesselt,
aber insgeheim hast auch du schon um Erhörung gebettelt,
jede Wette, kein Mensch behält 'ne reine Weste.

Aber so richtig geglaubt hatte ich es bis dahin selbst noch nicht.

DRITTE BEGEGNUNG:

Eines Tages, durch einen lustigen Umstand, habe ich eine Bibel geklaut. Ich habe wie üblich jeden Tag etwas geraucht und zudem was eingeworfen. An den Sonntagen habe ich dann versucht, wieder einen klaren Kopf zu bekommen. Ich war damals im Schachverein. Dortmund ist neben Bier, Graffiti, der Hip-Hop-Kultur und dem Fußball auch bekannt für Schach. Einige Großmeisterturniere werden bis heute dort ausgetragen.

Jeden Sonntag gab es einen Mannschaftskampf. Und Schach war meine Art, zu entspannen und mich abzulenken. Wir hatten damals in Lünen ein Auswärtsspiel. Als ich mit meinem Spiel fertig war, bin ich durch das Gebäude gelaufen und bin in einem Raum gelandet, von dem ich heute weiß, dass es ein Gottesdienstraum war.

Ich habe die Technik gesehen, die es da gab, Mikrofone, verschiedene Kabel – und habe diese in meinen Rucksack gesteckt. Ich wollte danach den Raum wieder verlassen, als ich kurz vorm Eingang ein Regal stehen sah, auf dem verschiedene

Bücher lagen. Und ich weiß nicht, warum, aber ich griff zu einer Bibel, die da lag, eine Jugendbibel mit vielen Erklärungen. Diese Bibel lag danach erst einmal längere Zeit unangetastet bei mir herum.

Nach einer meiner gewohnten Partynächte kam ich nach Hause und konnte nicht pennen. Ich erblickte die Bibel. »Kann ja mal einen Blick reinwerfen«, dachte ich so bei mir und schlug das Buch auf und fing an, darin zu lesen. Das Buch, das ich las, war aus dem Alten Testament, von König Salomo, das Buch »Prediger«.

Dieser Mann beschreibt darin seine Sicht auf das Leben. Er war mächtig, reich, hatte viele Besitztümer, viele Frauen, also alles, was meiner Sehnsucht entsprach. Aber interessant war, was er aus alldem geschlossen hatte:

»*Das Endergebnis des Ganzen lasst uns hören: Fürchte Gott und halte seine Gebote; denn das ist der ganze Mensch.*« (Prediger 12, Vers 13)

Fürchte Gott. Kann es sein, dass wir Nimmersatte sind? Egal, wie viel wir haben: Es ist nie genug. Egal, was wir auch anstreben: Es macht nie zufrieden. Hier war einer, der verstanden hatte, dass er bei allem, was er im Leben erreicht hatte, trotzdem Gott gegenüber verantwortlich ist. Dass man Gott fürchten und seine Gebote halten soll.

Was war bisher mein Leben gewesen? Ich zitiere einen Text, der mein bisheriges Leben gut zusammenfasste:

»Ich koste mein Leben aus, denn bald bin ich weg; so leb ich für Graffiti und Rap, Drogen und Sex.«

Und jetzt wurde ich mit einer völlig anderen Wahrheit konfrontiert, aber ich konnte sehr gut nachempfinden, was da geschrieben stand. Das war echt. Ich hatte so viel Wahrheit nicht in einem »Märchenbuch« erwartet. Ich hatte mich schon im Vorfeld mit vielen religiösen Ansichten, esoterischen Praktiken, Sternzeichen, Geheimwissen und verschiedensten Lebensauffassungen befasst, aber nichts kam an das heran.

Einerseits war ich stolz auf das, was ich bis zu dem Zeitpunkt hatte und war, aber irgendetwas fehlte. Ich spürte eine Leere in meinem Herzen. Seit dem Tag wusste ich: Es muss einen Gott geben.

WiE GiNG ES WEiTER?

Erzählt habe ich damals niemandem davon, denn ich hatte Angst, dass die Leute denken würden, ich hätte etwas Falsches geraucht oder genommen.

Ich habe immer noch Drogen verkauft und konsumiert, aber ich konnte nicht leugnen, was ich gelesen und erfahren hatte.

Ich habe immer wieder versucht, mit den Drogen aufzuhören, aber es klappte nicht. Ein paar Tage ging es gut, aber dann konnte ich nicht einschlafen, und es kribbelte überall. In meinem ganzen Umfeld war keiner, der nicht irgendetwas zu sich nahm. Meine damalige Freundin wollte auch nicht aufhören, für sie war es der verdiente Genuss wie ein Feierabendbier.

Irgendwann kam mir die Idee zu beten: »Gott, wenn es dich wirklich gibt, dann hilf mir doch!« Ich wusste gar nicht, was für ein Gebet ich da gesprochen hatte. Tatsächlich blieb ich seit dem Tag drogenfrei – und das ohne große Entzugserscheinungen. Gott hatte dieses Gebet erhört, das war ein echtes Wunder.

NEUANFANG

Ende Juli 2005 startete ich ein Jahrespraktikum in der Nähe von Gotha in einer christlichen Familien-WG. Meine Familie hatte über ein paar Ecken von dieser Möglichkeit gehört, und weil ich beruflich keine anderen Optionen hatte, bin ich da eingezogen. Die Familien, die dort leben, haben die Vision, Glaube und Alltag miteinander zu verbinden.

Ich war allen erst einmal skeptisch gegenüber eingestellt und beobachtete alles ganz genau. Zu meiner Überraschung erlebte ich aber Menschen, bei denen ich das Gefühl hatte, dass sie sich nicht verstellen. Sie wirkten so natürlich und fröhlich. Sie hatten offensichtlich etwas, was ich nicht hatte.

Es gab viele Veranstaltungen, und auch mitten am Tag gab es kurze Andachten, wo gesungen und gebetet wurde. Da war eine junge Frau, die ernsthaft glaubte, mit Gott zu reden. Sie hatte die Augen geschlossen und sprach so, als wenn er vor ihr stehen würde. Ich versuchte, sie als Schwindlerin zu entlarven, aber sie schien wirklich davon überzeugt zu sein.

Dort wurde auch regelmäßig gepredigt und aus der Bibel gelesen. Und weil ich nicht alleine irgendwo rumhängen wollte, ging ich oft mit. Bei einer Veranstaltung war es mir so, als würde der Prediger nur über mich reden. Das war sehr unangenehm. Mir wurde meine eigene Boshaftigkeit und Schuld auf einmal so bewusst. Ich schaute mich um, ob die Leute bemerkten, dass es hier um mich geht. Natürlich nahm keiner Notiz davon.

Und zugleich wurde mir in der Predigt Jesus vorgestellt als derjenige, der mich und mein böses Wesen kennt und dennoch bereit war, meine Schuld auf sich zu nehmen, weil er mich so sehr liebt. Ein weiteres Wort, welches ich hörte, lautete: *»Kommt her zu mir, alle ihr Mühseligen und Beladenen, und ich werde euch Ruhe geben«* (Matthäus 11, Vers 28). »Ja, diese Ruhe suche ich, ja, ich bin beladen, ich bin mit meinem Leben völlig überfordert und kriege es aus eigener Kraft nicht in den Griff. Ja, Jesus, wenn das so ist und du es so gut mit mir meinst, dann nehme ich die Einladung an.« Das, was ich da hörte, war neu für mich und hatte mich überwältigt. In diesen Momenten habe ich vor dieser Liebe kapituliert.

Ich wusste: Jesus ist real, und er starb für mich.

Ich ging danach auf ein in der Nähe liegendes Feld und schrie all meine Gedanken zu Jesus. Da sagte ich ihm, dass ich ab jetzt mit ihm leben will.

Das war im August 2005.

Die Begegnung mit Jesus hat mein Leben seitdem völlig auf den Kopf gestellt. Ich bin frei geworden von verschiedenen Abhängigkeiten, großen Charakterschwächen, aber natürlich noch immer auf dem Weg. Heute bin ich Erzieher und darf vielen von der einzigen Hoffnung erzählen, die wir in dieser kranken Welt haben. Davon konnte ich seit Tag eins nicht schweigen.

Als ich bei meinen nächsten Besuchen in Dortmund gefragt wurde, ob ich was dahätte (Gras/Dope), antwortete ich: »Ja, was richtig Gutes, besser als all das andere Zeug, und es ist kostenlos!«

Frag die Leute von früher, die können dir grausame, perverse und peinliche Geschichten über mich erzählen, aber eins ist sicher: Das hat mit der Person, die ich heute sein darf, nichts mehr zu tun.

Den Platz, den früher die Musik, Graffiti, Sex, Geld und Drogen hatten, hat nun Jesus eingenommen.

Ich weiß auch, dass meine Lebensveränderung nicht aus eigener Kraft und harter Disziplin gekommen ist. Das ist schwer nachvollziehbar, wenn man Gott nicht kennt.

Daher empfehle ich jedem, sich mit Jesus auseinanderzusetzen, denn er spricht für sich selbst. So verschenke ich bis heute am liebsten Bibeln und vertraue darauf, dass sich Gott jedem selbst vorstellt. Und er will sich jedem zeigen, auch dir.

Denn ich bin vollkommen davon überzeugt: Gott redet durch die Bibel. Und wenn Gott redet, das merkt dann jeder. Ich kann Menschen nicht bekehren, niemand kann das, nur Gott kann das.

Darf ich dich, lieber Leser, herausfordern, mit diesem Gott zu reden? Darf ich dich herausfordern, die Bibel zu überprüfen? Gottes Segen dabei!

Alan

ALEXANDRA
SUCHT, SUCHE UND WIE ALLES DOCH GANZ ANDERS KAM

Der Ort meiner Ankunft auf dieser Erde sollte Herne sein. Dort landete ich am 18.11.1974 als unehelich geborenes, deutsch-türkisches Kind.

Meine Familie war sehr gottesfürchtig, und wir bemühten uns, nach dem, was die Bibel lehrt, zu leben. Meine Mutter war berufstätig und lebte mit mir im Haus meiner Großeltern mütterlicherseits. Mein Vater absolvierte seinen Militärdienst in der Türkei.

Meine Kindheit verlief – bis auf die Tatsache, dass ich nie mit zum Gottesdienst gehen wollte und jeden Sonntagmorgen aufs Neue den Aufstand probte und scheiterte – unbeschwert und harmonisch.

Meine Erziehung wurde von einigen Menschen geprägt: Mutti, Oma, Opa (er übernahm die Vaterrolle), Großtante, Tante, Onkel und Cousine. Meinen richtigen Vater habe ich nie wirklich kennengelernt.

Bis zu meinem dreizehnten Lebensjahr waren die Familienverhältnisse wie beschrieben. Dann lernte meine Mutter ihren jetzigen Mann kennen, und wir zogen bei den Großeltern aus.

Ein völlig neues Leben begann.

Für mich war es eine schwere Umstellung, da sich nicht nur die familiären, sondern auch die sozialen Verhältnisse grundlegend veränderten.

Meine alten Freunde waren nicht mehr greifbar. Ich war von der Grundschule aufs Gymnasium gewechselt und konnte dort überhaupt keinen Anschluss finden. Außerdem wohnten wir nun als einzige Mieter inmitten von Eigentümern, was sich durchaus oft bemerkbar machte.

In der neuen Situation zu Hause begegneten mir – mitten in der Pubertät – völlig unbekannte Verhaltensweisen. Alkoholmissbrauch, häusliche Gewalt und Psychoterror waren plötzlich an der Tagesordnung.

Ich buhlte intensiv um die Anerkennung des »neuen Vaters«, bekam aber nicht, wonach mein Herz sich sehnte.

Auf einmal sah ich mich in einer Welt aus Angst, Schmerz und Disharmonie gefangen.

So richtig wusste ich gar nicht, wie mir geschah. Auch wurde ich zunehmend »verhaltensoriginellem«. Diebstahl, Brandstiftung, unerlaubter Waffenbesitz, sexuelle Experimente. Bei allem wurde ich regelmäßig erwischt und entsprechend gemaßregelt. Die »Pille danach« war nichts Besonderes mehr.

Darüber hinaus wurden Fernseher und Videorekorder meine besten Freunde. Wann immer ich konnte, zog ich mich in meine Filmwelt zurück.

Das Leben der Schauspieler und Musiker, die mir besonders gut gefielen, wurde seziert, analysiert und zu meinem Lebensmittelpunkt. So nahm zum ersten Mal die Sucht Einzug in mein Leben.

Irgendwann in dieser Zeit verstarb mein Opa, was mich tief traf und lange nicht losließ. Der Tod meiner Oma ließ auch nicht lange auf sich warten. Sie war übrig geblieben als Flucht- und Ruheort. Bei ihr konnte ich noch Kraft schöpfen und mich geborgen fühlen.

Wir zogen nach Wanne-Eickel, und der Kontakt zum Rest meiner Familie brach ab.

Das Gymnasium verließ ich nach drei schrecklichen Jahren des Scheiterns mit einem Notendurchschnitt, der seinesgleichen suchte. Ich wechselte – dank des unermüdlichen Engagements meiner Mutter – zur Gesamtschule.

Der Wechsel auf die neue Schule war ein wirklicher Lichtblick im Gegensatz zu den Zuständen, die zu Hause herrschten. Großartige Lehrer und tolle Schulkollegen sorgten dafür, dass meine Gaben und Talente gefördert wurden und ich vor allen Dingen Selbstbewusstsein und Persönlichkeit entwickeln konnte. Hier stand ich zum ersten Mal auf der Bühne und fand heraus, dass die Rockmusik »mein Ding« war.

Mittlerweile hatte meine Mutter den mir immer noch fremd gebliebenen Mann, der sie schlug und gegen den ich sie körperlich verteidigte, wenn es mal wieder so weit war, geheiratet. Diese Heirat war mir völlig unverständlich. Für mich ging eine Welt unter. Die neue Familiensituation war das krasse Gegenteil von dem, was ich als Familienleben bis dahin kennengelernt hatte. Es herrschte eine strenge Rangordnung. Von Liebe und Harmonie konnten meine Mutter und ich nur träumen.

Mein Stiefvater war Queen-Fan und hatte diverse Tonträger der Rockband in seinem Musikschrank. Nach kurzer Zeit war auch ich Queen-Fan und unterlag erneut einer intensiven Sucht. Die Rockband Queen oder auch David Bowie wurden zu meinem ganzen Lebensinhalt.

Die Schule und die Rockmusik waren wie Rettungsinseln für mich. Zu Hause ging es weiter wie bisher.

Irgendwann während dieser Zeit machte ich meine ersten Erfahrungen mit Alkohol und Marihuana. Mit Marihuana war es mir möglich, alle Sorgen auszuknipsen. Dachte ich.

Innerhalb kurzer Zeit entwickelte ich eine massive Marihuana-Sucht und konnte und wollte ohne das »Zeug« nicht mehr leben.

Ich verliebte mich in einen 23 Jahre älteren Mann. Er war der geschiedene Vater einer meiner Mitschülerinnen. Zu Hause flog ich raus und lebte – mehr schlecht als recht – mit ihm zusammen.

Nach einiger Zeit konnte ich wieder nach Hause zurück. Die Beziehung zu dem Mann hielt noch eine ganze Weile an, scheiterte jedoch letztendlich.

Ich schaffte mein Abitur und kiffte, was das Zeug hielt.

Nach dem Abitur fiel ich in ein Loch, denn meine Rettungsinseln Schule und Rockmusik waren nicht mehr da.

Die Verantwortung trat in mein Leben, und ich wollte und konnte nicht mit ihr umgehen. Ich war noch nicht bereit. Ich wollte nicht erwachsen werden, niemals.

Zu Hause versuchte meine Mutter den »Spagat« zwischen einem oft alkoholisierten, gewalttätigen Mann und einer marihuanasüchtigen Tochter und scheiterte. Dem allen ging ich aus dem Weg, indem ich so viel Zeit wie möglich vor dem Fernseher in meinem Zimmer verbrachte und kiffte.

Um meinen zukünftigen beruflichen Werdegang hatte ich mir bislang wenig bis gar keine Gedanken gemacht. Aus unerfindlichen Gründen stellte ich mir das Leben nach der Schule kinderleicht und schön vor.

Es folgten Anlaufversuche ins Berufsleben, die zum Scheitern verurteilt waren. Tischlerlehre – abgebrochen, Friseurlehre – abgebrochen, Busstewardess, Postzustellerin, Jahrespraktikum im Bereich der Bildrestaurierung – ohne Zukunft, Ablehnung an einer Hochschule für Grafik und Design, Tag- und Nachtdienste in einer Fachklinik für suchtkranke Menschen.

Irgendwann während dieser Zeit zog ich zu Hause aus und hatte meine erste eigene Wohnung. Endlich konnte ich tun und lassen, was ich wollte. Es gab keine ständigen Flankierungen und Störungen durch Stiefvater und Mutter mehr.

Ich warf mich buchstäblich ins »pralle Leben«, geprägt von Drogenmissbrauch, beruflichem Scheitern, Depressionen, gescheiterten Liebesbeziehungen bis hin zum ersten Aufenthalt in der Psychiatrie.

Irgendwie schaffte ich es, während des beschriebenen Zeitraums ein Studium in Bielefeld erfolgreich zu absolvieren und mein Diplom in Sozialpädagogik zu erlangen.

Während dieser Zeit verliebte ich mich in einen 24 Jahre älteren, verheirateten Mann, hörte mit dem Kiffen auf und ließ mich komplett in eine viel zu intensive Liebesbeziehung fallen, da ich der festen Überzeugung war, dass dieser der Mann fürs Leben sei. Durch und mit ihm fand ich zurück zur Rockmusik und betrieb diese ab jenem Zeitpunkt semiprofessionell. Durch viele öffentliche Auftritte machte ich mir als talentierte »Rockröhre« einen Namen in der Rockszene in und um Bochum herum.

Nach fünf Jahren beendete ich die Beziehung, ohne dass ich es wollte, da ich wusste, dass auch diese Beziehung zum Scheitern verurteilt war. Die Folgen waren erschütternd. Rückfall mit Marihuana, vermehrter Alkoholkonsum, Diebstahl, Pornosucht, schwere wiederkehrende depressive Episoden, Angstzustände, Psychiatrie. Insgesamt brauchte ich dreizehn Jahre, um über den Verlust hinwegzukommen.

Sucht ... Sehnsucht ... ich war auf der Suche ... aber wonach?

Was ich am Anfang meiner Geschichte absichtlich nicht erwähnte, ist, dass ich mich mit etwa sechs Jahren bekehrte.

Das bedeutet: Ich kniete mich hin und zählte dem Herrn Jesus im Gebet alles auf, was mir an Sünden einfiel, die ich begangen hatte. Dann bat ich ihn um Vergebung. Ich tat dies aus Angst vor der Hölle, denn die Hölle ist nicht fiktiv, sondern real. Davon bin ich überzeugt.

Ich tat das so, wie meine Familie es mir erklärt hatte.

Verstehen konnte ich zu jenem Zeitpunkt nicht wirklich, was es bedeutete, das zu tun. Damals verspürte ich eine leichte emotionale Erregung. Damit war der Fall für mich erledigt.

Eines weiß ich heute jedoch ganz gewiss: Es kam von Herzen, und darum hat Gott dieses Gebet erhört.

Mittlerweile war ich nach Hattingen an der Ruhr gezogen und lebte dort, nach einer weiteren gescheiterten Beziehung, alleine.

Während meines letzten Aufenthalts in der Psychiatrie vor etwa vier Jahren packte mich eine schier unerträgliche »Sehnsucht« nach ... ja, wonach?

Nach früheren Zeiten! Nach Jesus! Nach Gott!

Ich telefonierte mit meinem Onkel und erzählte ihm von meiner Situation. Er riet mir, Kontakt zu Christen aufzunehmen. Im Internet fand ich eine christliche Gemeinde, die ich besuchte. Dort wurde ich liebevoll und wertschätzend aufgefangen.

Gott hatte einen guten Plan für mein Leben vorgesehen und platzierte mich genau da, wo er mich haben wollte.

Jesus Christus starb am Kreuz für meine Sünden. Mir war es sehr wichtig, dies vor der unsichtbaren und der sichtbaren Welt durch die Taufe zu bekennen. Es war der Beginn meines neuen Lebens mit Jesus am 30.08.2015.

Heute weiß ich, dass Gott immer bei mir war und mir zum Beispiel half, mein Studium zu bewältigen. Ein echtes Geschenk. Er hat mich in meinem Leben reich beschenkt und tut es immer wieder.

Auch weiß ich, dass Gott mir half, meine Beziehung zu dem verheirateten Mann zu beenden. Ein wahres Wunder.

Die private Situation meiner Eltern hatte sich schon mit meinem Auszug von zu Hause entspannt. Es gibt dort seither keinen Alkoholmissbrauch, keine Gewalt und keinen Psychoterror mehr. Ein weiteres Wunder.

Meine berufliche Situation hat sich entspannt. Ich arbeite seit sieben Jahren in der Hauswirtschaftsgruppe einer Werkstatt für Menschen mit Behinderung und darf dort 18 tolle Menschen betreuen. Noch ein Geschenk.

Auch meine häusliche Situation hat sich verändert. Seit drei Jahren wohne ich in einer Wohngemeinschaft. Und diese WG funktioniert. Ein weiteres Geschenk.

Mittlerweile kiffe ich nicht mehr, ich trinke keinen Alkohol mehr, ich schaue kein Fernsehen mehr, ich habe die Rockmusik an den Nagel gehängt, ich rauche nicht mehr, und meine Sexualität und die qualvolle Sehnsucht nach einem Lebenspartner haben sich »neutralisiert«. Noch mehr Wunder und Geschenke.

Heute bin ich 45 Jahre alt, und ich weiß, dass mein Herr Jesus mich all die Jahre begleitete und gewähren ließ. Er ist nicht eine Sekunde von meiner Seite gewichen und bewahrte mich vor Schlimmerem.

Er wird dies auch in Zukunft tun, da gibt es für mich nicht die Spur eines Zweifels – egal, was noch kommen mag.

All die Gaben und Talente, die mir Gott geschenkt hat, kann ich jetzt endlich – ihm zur Ehre – einsetzen. Das gibt meinem Leben Sinn und Erfüllung.

Alles, was in der Bibel steht, ist wahr. Gottes Wort ist lebendig.

Seine Wege sind unergründlich, und ich ließ mich auf ihn ein, und er gewährte mir einen Blick auf sein Tun und lässt mich jetzt teilhaben an seiner Herrlichkeit.

Jesus hat mich zu sich zurückgezogen, indem er mich hat machen und scheitern lassen. Ohne Zwang, alles freiwillig.

Durch Dreck zum Speck!

Alle meine Sünden sind vergeben.

Ich habe erkannt, dass Gottes Plan für mich perfekt und besser ist, als es meine Pläne je sein können. Ohne ihn bin ich nichts, und ohne ihn kann ich nichts.

Das gilt für jeden Menschen, davon bin ich überzeugt.

Meine Suche endete bei Jesus. Ich kann und will nicht mehr ohne ihn leben.

Er ist meine erste Liebe, der Mittelpunkt meines Lebens.

Die Leere, die durch die Befreiung von der Sucht entstand, hat Jesus ausgefüllt. Die Beziehung zu ihm hat das ewige Leben zur Folge.

Das sind nun wirklich – neben all den vielen Geschenken, die Gott mir bislang zukommen ließ – die besten Aussichten, die ich mir nur wünschen kann, obwohl ich das alles nicht verdient habe.

Doch ich weiß: »Mein Erlöser lebt; und als der Letzte wird er über dem Staub stehen« (Hiob 19, Vers 25).
DANKE, HERR JESUS!!!

ELIANE
DER GLAUBE AN GOTT HAT NICHTS MIT MEINEN LEBEN ZU TUN, ODER DOCH?

Die ersten zehn Jahre meines Lebens bin ich mit meinen Eltern und zwei Geschwistern im schönen Bottrop-Kirchhellen aufgewachsen. Kirchhellen ist eher am Rande der großen Städte des Ruhrgebiets, und obwohl es zu Bottrop gehört, erlebte ich dort noch richtiges Dorfleben. Viele Feste bestimmen das gemeinsame Leben, man kennt sich, alles ist fußläufig zu erreichen, und man kennt auch jeden Winkel im Dorf. Es ist umgeben von Feldern und Wald. Besonders als Kind war es sehr schön, die Freiheiten eines Dorflebens zu genießen. Die offene und direkte, aber auch die herzliche Art des Ruhrpottlers haben mich sehr geprägt. Die drei Omas am Marktplatz hatten immer ihr Haus für Gemeinschaftsspiele offen, und auch die Bude war für uns Kinder ein wichtiger Bestandteil des Lebens. Für die Erwachsenen war es eher das gemeinsame Bierchen oder die Zeitung, aber für uns Kinder waren die herrliche Auswahl an Süßigkeiten, Zeitschriften und Eis immer wieder ein Grund, auch den letzten Rest vom Taschengeld auf den Kopp zu hauen.

Als ich elf Jahre alt war, zogen wir dann nach Oberhausen, und dort lernte ich das Großstadtleben im Ruhrpott kennen und lieben. Mittlerweile darf ich, nach einigen Zwischenstationen in anderen Regionen Deutschlands und Österreichs, wieder mit meinem Mann und meinen zwei Töchtern in Oberhausen leben. Immer wieder musste ich feststellen, wie sehr ich von dieser Region geprägt bin. Die sehr direkte Art war für andere oft im ersten Moment schwer zu verdauen, und ich musste auch erkennen, dass meine Sprache nicht von Hochdeutsch geprägt war. Is klar.

Ich bin wirklich dankbar für die schöne Kindheit, vieles Schöne und Gute, das ich bisher erleben durfte. Aber auch wenn die Herausforderungen des Lebens überschaubar waren, gab es einige Dinge im Leben, die mich schon in sehr jungen Jahren herausgefordert und mir Angst gemacht haben. Es waren die Fragen nach dem Ziel und Sinn im

Leben. Wie und wo kann ich Orientierung finden? Fragen, die für viele Menschen mit einem großem Fragezeichen und Angst behaftet sind.

Ich bin in einem Elternhaus aufgewachsen, in dem der Glaube an Gott eine wichtige Rolle gespielt hat. Wir sind jeden Sonntag in den Gottesdienst gegangen, haben vor dem Essen gebetet und oft auch gemeinsam die Bibel gelesen.

Als Kind konnte ich mit der Bibel und dem Glauben nicht viel anfangen. Ich fand die Geschichten spannend und interessant, aber mit meinem Leben hatten die Bibel und auch Gott nichts zu tun. Für mich waren das Lesen in der Bibel und der Glaube eher lästig, da ich den Eindruck hatte, dass sie mir Spaß vorenthalten wollten. Ich wollte tun, was mir Spaß macht, und mein Leben selbst bestimmen, soweit es mir als Kind nicht vorgeschrieben wurde. Wieso sollte ich dazu nicht in der Lage sein!? Und so schlecht war ich ja nicht. Aber ich habe zum Beispiel recht häufig gelogen. Zur Not nannte ich es einfach »Notlüge«. Und wenn ich etwas verbockt hatte, war ich viel zu stolz, um Sachen wieder in Ordnung zu bringen oder mich zu entschuldigen. Ich wurde auch sehr schnell zornig, wenn ich meinte, ungerecht behandelt worden zu sein. Dadurch entstanden natürlich viele Situationen, die meine Beziehungen zu anderen belasteten, und das merkte ich auch. Aber »the show must go on«.

Und genau das war mein Problem. Ich wollte nach meinen eigenen Maßstäben handeln. Auch wenn mich das ständig in Probleme brachte und andere verletzte oder missachtete.

Wenn jemand Gottes Maßstäbe missachtet oder Gott ignoriert, nennt es die Bibel Sünde. Gott ist heilig, und das heißt, dass er mit Sünde nichts zu tun haben kann und es auch nicht ohne Folgen bleibt. Sünde passt zu Gott genauso wenig wie ein Fleck auf einem weißen Hemd.

In meinem Alltag konnte ich Gott vielleicht immer zur Seite schieben. Mir war eine Beziehung zu ihm nicht wichtig, aber was mir Angst machte, war der Gedanke an den Tod. Was würde passieren, wenn ich sterbe und vor Gott stehe und ihm nicht mehr ausweichen kann?

Mir war bewusst, dass Gott wegen meiner Sünde nicht zu mir passte. Die Sünde in meinem Leben war wie ein trennender Abgrund zwischen mir und Gott. Die Beziehungsmöglichkeit zu Gott war durch meine Sünde unmöglich. Was mich beeindruckte, war, dass Gott mich mit diesem Problem nicht alleinlässt. Gott hat aus Liebe zu mir und allen Menschen seinen Sohn Jesus Christus auf die Erde gesandt, um die Strafe für meine Sünde stellvertretend für mich zu übernehmen, indem er am Kreuz für mich sein Leben gegeben hat. Er hat dafür gesorgt, dass es eine Möglichkeit gibt, dem Gericht zu entkommen. Und er hat nicht nur die Strafe für mich übernommen, sondern Gott möchte auch durch seinen Sohn Jesus Christus schon jetzt und hier eine Beziehung mit mir haben. Es ist aber meine Entscheidung, daran zu glauben oder nicht. Und diese Entscheidung hat nicht nur Auswirkung auf mein Leben auf der Erde, sondern auch auf mein Leben nach dem Tod.

Als junger Mensch stand mir der Tod nicht so häufig vor Augen, und daher war das ein Gedanke, den ich sehr gut verdrängen konnte.

Eines Tages hatten wir in der Nachbarschaft in Kirchhellen einen großen Brand. Ich war mit meinem Bruder alleine zu Hause, und ich hatte furchtbare Angst. Was würde passieren, wenn die Flammen auf unser Haus übergehen und ich sterben würde? Das war aus heutiger Sicht sehr unwahrscheinlich, aber ich glaube, dass Gott dieses Erlebnis genutzt hat, um über meine Beziehung zu ihm nachzudenken. In mir kam die Angst vor dem Tod hoch und wurde so greifbar. Ich fragte meinen Bruder, ob das Feuer auch auf unser Haus übergehen könnte und was passieren würde, wenn wir sterben. Er antwortete mir kurz: »Ja und? Dann bin ich bei Gott im Himmel. Ich gehe jetzt zu unseren Nachbarn nach oben und schaue mir an, wie die Feuerwehr das Feuer löscht.« Diese Antwort beruhigte mich nicht wirklich. Mein Bruder konnte mit Sicherheit sagen, dass er nach seinem Tod bei Gott ist. Das konnte ich nicht. Mir war das ganz klar. Meine Sünde trennte mich von Gott.

Ich ging in mein Zimmer und betete zu Gott. Alles, was zwischen mir und Gott stand und mir zu diesem Zeitpunkt bewusst wurde, sagte ich ihm. All die Dinge, die ich getan hatte und von denen ich wusste, dass sie gegen Gottes Vorstellung waren. Mir war es nun wichtig, Gott als denjenigen in meinem Leben anzuerkennen, der mir sagt, wie ich mein Leben führen soll und was für mich gut und richtig ist, aber auch, was nicht gut und richtig ist. Er sollte von nun an der *Herr* in meinem Leben sein. Als ich das getan hatte, fühlte ich mich innerlich so richtig befreit. Vielleicht kennst du dieses Gefühl, wenn dir vor Erleichterung ein großer Stein vom Herzen fällt. Ich wusste, dass mir nun nichts Schlimmes mehr passieren kann. Selbst wenn ich sterbe – ich hatte alles mit Gott in Ordnung gebracht, was mir einfiel und was zwischen uns stand. Das nahm mir alle Angst vor dem Tod. So konnte ich mir nun auch in aller Ruhe das Treiben von dem Brand und den Löschzügen der Feuerwehr anschauen.

Durch dieses Ereignis fing bei mir ein Prozess an, der bis heute andauert. Ich merke, dass Gott mich verändert und meinem Leben eine Hoffnung und einen Sinn gibt. Er hilft mir in meinen Beziehungen, und das ist auch ein Ergebnis davon, dass Gott an mir arbeitet. Es gibt viele Bereiche, in denen Gott mein Denken und Handeln zum Positiven verändert hat.

Zum einen hat er meine Sicht auf die Bibel verändert. Für mich ist die Bibel nicht mehr nur ein Buch mit tollen Geschichten oder mit lästigen Geboten, die mir nur den Spaß am Leben nehmen. Nein, die Bibel wurde für mich immer mehr ein Brief, den Gott mir ganz persönlich geschrieben hat, um mir zu zeigen, wie und wer *er* ist und wie und wer *ich* bin. Das macht die Bibel sehr spannend für mich, und es vergeht kaum ein Tag, an dem ich nicht irgendwie darin lese. Es ist mein absolutes Lieblingsbuch und verändert mich und gibt mir für mein Leben eine Ausrichtung. Gott redet durch die Bibel zu mir. Die Bibel ist für mich kein veraltetes Buch mehr, das mich nur verurteilen möchte, sondern das mir einen Weg aus meiner Sackgasse zeigt. Und das erlebe ich in allen Lebensbereichen. Sie gibt mir Mut und Freude für mein Leben. Eine Freude, die ich so vorher nicht gekannt habe. Sie will mir nicht den Spaß verderben, sondern mich schützen, und zeigt mir, worauf es im

Leben ankommt und wie ich mit meinen Lebenssituationen umgehen kann. Je mehr ich darüber von Gott lernen kann, umso mehr begeistert es mich. Er hat uns Menschen geschaffen und weiß genau, wie wir ticken. Daher kann er mir auch am besten eine Anleitung geben, wie das Leben gut funktionieren kann und was ein sinnerfülltes Leben wirklich ist. Das war ein schwerer Prozess. Obwohl wir zu Hause oder im Gottesdienst oft die Bibel lasen, fiel es mir sehr schwer, selber die Bibel zu lesen und zu erleben, dass Gott dadurch zu mir redet. Ich bekam den Tipp, mir beim Lesen immer die Frage zu stellen: »Was lerne ich über Gott, und was hat er mir zu sagen?« Das hat mir sehr geholfen.

Des Weiteren hat Gott mir alle Angst vor dem Tod genommen. Ich bin mir sicher, dass ich nach meinem Tod im Himmel bei Gott sein kann, weil ich meine Beziehung zu Gott in Ordnung gebracht habe. Für das, was zwischen mir und Gott stand, habe ich ihn um Vergebung gebeten. Ich glaube daran, dass Gott meine Schuld vergeben hat und dass sein Sohn Jesus Christus stellvertretend für mich dafür die Strafe durch seinen Tod am Kreuz übernommen hat.

Meine Ängste sind sowieso weniger geworden. Ich war als Kind und Jugendliche ein sehr ängstlicher Mensch. Unbekannte Situationen, unheimliche Orte oder fremde Menschen waren für mich eine große Herausforderung. Heute weiß ich, dass ich keine Angst haben muss, weil Gott alles, was mir geschieht, sieht und auf mich aufpasst. Manchmal geht er dafür Wege, die ich nicht ganz nachvollziehen kann, aber schon sehr oft konnte ich im Nachhinein staunen, wie er es geführt hat.

Gott arbeitet auch an meinem Stolz. Ich kann mich heute für Fehlverhalten entschuldigen und dazu stehen, dass ich nicht perfekt bin. Das ist sehr befreiend. Ich muss auch nicht mehr immer recht haben. Gott zeigt mir immer mehr, was es bedeutet, andere Menschen zu lieben und nicht in erster Linie mich selbst. Mein Wille ist nicht der einzig richtige, sondern ich bin auf Gottes Hilfe und Rat angewiesen. Außerdem gibt es um mich herum so wertvolle Menschen, die mir sehr vieles beibringen können. Es freut mich, wenn ich anderen Menschen helfen kann. Das gibt meinem Leben viel mehr Freude, als wenn ich mich immer nur um mich selber drehe.

Das sind nur einige wenige Beispiele, wo ich heute erleben darf, dass der Glaube sehr viel mit meinem Leben zu tun hat. Gott hat die Sicht auf mein Leben sehr verändert, und dieser Prozess ist noch lange nicht abgeschlossen. Da ich meine Beziehung zu Gott in Ordnung gebracht habe, wirkt sich das auf jeden Lebensbereich aus. Das gibt ein frohes und erfülltes Leben mit Sinn und Ziel.

NACHWORT

Tun Sie sich etwas Gutes!

Lesen Sie im »Buch der Bücher«. Geben Sie Gott in Ihrem Leben eine Chance. Wenden Sie sich ihm zu, denn Gott ist Ihnen längst zugewandt.

Über die Website www.hoffnung-im-pott.de können Sie sich ganz einfach einen Teil der Bibel bestellen. Gerne lassen wir Ihnen ein Neues Testament zukommen.